¿PARA QUÉ HE VENIDO A ESTE MUNDO?

TONY ESTRUCH

¿PARA QUÉ HE VENIDO A ESTE MUNDO?

Un viaje para conocer y potenciar tu talento

Urano

Argentina – Chile – Colombia – España
Estados Unidos – México – Perú – Uruguay

Copyright © 2023 *by* Antoni Estruch y Francesc Miralles (editor)
All Rights Reserved
© 2024 *by* Urano World Spain, S.A.U.
Plaza de los Reyes Magos, 8, piso 1.º C y D – 28007 Madrid
www.edicionesurano.com

ISBN: 978-84-18714-38-2
E-ISBN: 978-84-19699-34-3
Depósito legal: M–31.030–2023

Fotocomposición: Ediciones Urano, S.A.U.

Impreso por: Rotativas de Estella – Polígono Industrial San Miguel
Parcelas E7-E8 – 31132 Villatuerta (Navarra)

Impreso en España – *Printed in Spain*

Índice

LA LECCIÓN DE INFINITO
Para encontrar tu propósito,
antes debes aprender quién eres.

LA LECCIÓN DE CUADRADO
Si no hay orden, tampoco hay progreso.

LA LECCIÓN DE ELIPSE

Eres el creador de tu propia vida.

LA LECCIÓN DE TRIÁNGULO

Solo se puede vender bien aquello de lo que tú reconoces
su valor (empezando por ti mismo).

LA LECCIÓN DE CÍRCULO

El amor lleva a la abundancia, porque te transforma a ti
y a los demás.

LA LECCIÓN DE RECTÁNGULO

Nada importante se consigue sin picar piedra.

LA LECCIÓN DE PENTÁGONO

Cada problema es una puerta a un mundo nuevo.

LA LECCIÓN DE ROMBO

Estar vivo es algo más que no estar muerto.

LA LECCIÓN DE ESTRELLA

Has nacido para brillar.

1

Una noche sin estrellas

«No ocultes tus talentos.
Te han sido dados para que los uses.
¿De qué sirve un reloj de sol en la sombra?»

Benjamin Franklin

Estaba oscureciendo cuando Izan tomó el camino hacia casa. Mientras el aire fresco del otoño removía sus cabellos, recordó con una sonrisa lo sucedido aquel viernes en la escuela.

Sus compañeros eran hijos de mineros, como él, pero, a pesar de la humildad de sus hogares, habían conseguido que el día de su cumpleaños fuera especial. Unos habían traído almendras recubiertas de canela. Otra, dos jarras de limonada con flores de hibisco. Él había llevado manzanas del árbol familiar recubiertas de caramelo.

Al terminar las clases, habían hecho una pequeña celebración para honrar su decimocuarto cumpleaños. La fiesta solo había quedado empañada por unas palabras de su maestro, que no acabó de comprender:

—A partir de hoy —dijo— termina una parte de tu vida y empieza otra muy distinta.

Izan pensaba que aquello era solo una forma de hablar, una manera de dar importancia a sus recién estrenados catorce años, pero pronto se daría cuenta de que era mucho más que eso.

Lo primero que le llamó la atención al llegar a casa fue que de la chimenea no salía humareda. Era como si no hubiera nadie, así que Izan cruzó la puerta dando voces.

Aunque la mesa estaba puesta para la cena, el comedor se hallaba desierto. Izan aguzó el oído. Le llegó el rumor de las voces de sus padres en el piso de arriba. Estaban discutiendo.

Preocupado, fue a la cocina a cortar pan y unas cuantas lonchas de queso. Las dejó sobre la mesa junto con una fuente de aceitunas y otra de uvas.

Si sus padres habían cocinado algo especial para su cumpleaños pronto lo sabría, aunque los fogones estaban apagados y el único aroma que flotaba en la casa era el de la agria discusión en el piso de arriba.

Las voces fueron subiendo de tono hasta que pararon de golpe. Solo entonces oyó los pasos nerviosos de su padre, que bajaba las escaleras.

Antes de sentarse a la mesa, el hombre se pasó la mano por la calva incipiente y dijo:

—Ya estás aquí.

—Claro, papá. ¡Vamos a celebrar mi cumpleaños! ¿No baja mamá?

—En un momento… Antes hay algo que quiero que sepas. Te lo diré de hombre a hombre.

A Izan no le gustaba lo que estaba oyendo. Preveía que no era nada bueno. Y pronto se daría cuenta de que así era.

—Tengo una buena noticia para ti y otra que puede parecerte no tan buena, aunque con el tiempo será la mejor. ¿Por cuál quieres que empiece?

—Por la buena… —dijo Izan, asustado.

—Pues bien. Hoy ha sido tu último día de escuela. Ya has aprendido a leer, a escribir y a hacer cuentas. Ahora que has cumplido los catorce, no te hace falta saber más.

Izan no estaba de acuerdo con eso, pero no se atrevió a contradecir a su padre. Antes quería saber la otra noticia.

—¿Y cuál es la menos buena, papá? Esa que será mejor con el tiempo.

El hombre puso las manos sobre la mesa con actitud dominante antes de clavarle sus ojos color carbón en los suyos y decir:

—A partir de mañana, trabajarás en la mina. Yo a tu edad hacía ya dos años que bajaba cada mañana a picar piedra. Y tu abuelo empezó con diez.

—¡Pero yo no quiero esa clase de vida! —protestó Izan.

El padre le miró más incrédulo que enfadado. Tras rascarse la cabeza, preguntó:

—¿Y qué clase de vida quieres tener? Eres nieto e hijo de mineros, en un pueblo donde todo el mundo vive del carbón. ¿Acaso piensas que eres especial? ¿Es que crees que sirves para otra cosa?

Izan enmudeció. Su madre asistía ahora a la escena desde el pie de la escalera. No la había oído bajar.

—Nunca has sacado buenas notas en la escuela —siguió el padre—. No tienes apenas interés por aprender ni pareces tener ningún talento en especial. Por eso has de ponerte a trabajar. Eres como yo. Y ganarte la vida cuanto antes será lo mejor que te puede pasar.

Mientras su madre trataba de matizar las palabras de su esposo, Izan se levantó de la mesa y subió corriendo por las escaleras para encerrarse en su habitación.

—Hijo, lo que tu padre quiere decir es que, por experiencia, nosotros sabemos mejor lo que te conviene.

Desde arriba, pudo oír como su padre replicaba:

—No te preocupes, mujer. Ya verás cómo se le pasa.

Tras tumbarse en la cama con la luz apagada, Izan empezó a llorar. Sentía que le faltaba el aire, como si estuviera ya bajo la mina.

Sus ojos empañados en lágrimas buscaron la ventana, pero solo vio la negrura del carbón.

Era una noche sin estrellas.

2

El sueño

*«El talento es un inquilino
en la casa del genio.»*

Austin O'Malley

Como suele suceder en los días difíciles, aquella noche Izan tuvo un sueño especialmente agradable, diría que fue mágico.

Se encontraba paseando en un mercado de Oriente, en alguna ciudad de Asia Central, entre vendedores de coloridas telas, especias y otros productos exóticos, cuando algo captó su atención. En una tienda regenteada por un anciano de largas barbas, se exponía una sola cosa: un antiguo frasco de cristal morado brillante que se exhibía solitario sobre el mostrador.

Izan se detuvo frente al objeto y el viejo, al notar su interés, le dijo con suavidad:

—¿Te gusta?

—Me llama la atención que no tenga ningún otro artículo en tu tienda —contestó Izan.

—No necesito más. Sé que te vas a llevar el frasco. Con esta venta, cierro el día.

A Izan le sorprendió la seguridad con la que el viejo afirmó eso.

Su primer impulso fue pasar de largo y dejar allí al anciano con su frasco, pero le daba pena que no pudiera cerrar el día, así que le respondió:

—De buena gana lo compraría, pero me temo que no tengo nada.

Los ojos pequeños del anciano se iluminaron al decir:

—Tienes todo lo que necesitas, chico. Siempre lo has tenido, solo que no te has dado cuenta.

Sin entender por qué le decía aquello, Izan se llevó la mano al bolsillo de manera instintiva. Sus dedos tocaron algo frío y metálico.

Asombrado, sacó de allí una pesada moneda de oro. Si esto en sí era ya inexplicable, no lo era menos que en ella estuviera grabada su propia cara.

—Tienes todo lo que necesitas, hijo —repitió el hombre, esbozando una sonrisa—. ¿Tengo o no razón?

Convencido de que aquello era obra de la magia, no se atrevió a llevarle la contraria. Le entregó la moneda, a su pesar, y tomó de sus manos el frasco morado, que el viejo había envuelto en un fino papel de seda.

Izan decidió salir del mercado antes de que sucedieran más cosas extrañas. Atravesó uno de los porticones y caminó por una plaza enlosada hasta un rincón a la sombra de unas palmeras.

Se sentó en una piedra grande y plana para contemplar mejor lo que acababa de adquirir de forma tan insólita. Tras retirar el papel de seda, palpó con los dedos el grueso cristal morado, coronado por un tapón de corcho que parecía estar fijado desde hacía siglos al cuello de la botella. Izan tuvo que hacer mucha fuerza para arrancarlo y el sonido al lograrlo fue el de un largo eco.

Acercó la nariz al frasco para ver si contenía algún perfume. Sin embargo, lo que salió de su interior fue una voz grave y profunda:

—¿Qué quieres?

Sobresaltado, Izan dio un paso atrás. No estaba seguro de haber oído aquello, pero la voz volvió a hablar desde el interior del frasco:

—¿Cuál es tu deseo?

—No puedo verte —repuso demasiado nervioso para contestar a la pregunta—. En el cuento, el genio sale de la botella. ¿Dónde estás?

Una risa suave emergió del interior del frasco antes de que la voz contestara:

—Por más que te esfuerces, no podrás verme. Tendrás que aprender a mirar hacia otra dirección.

—¿Qué otra dirección? No entiendo lo que quieres decirme… —protestó Izan—. ¿Por qué no puedo verte?

—Porque el genio eres tú.

3

El viejo peregrino

*«No duermas para descansar,
duerme para soñar. Porque los sueños
están para cumplirse.»*

WALT DISNEY

Cuando Izan abrió los ojos, era aún negra noche. El sueño maravilloso que acababa de tener se disolvió enseguida en la oscuridad de la habitación.

Se dijo, angustiado, que en unas pocas horas empezaría su nueva vida en la mina. Un destino que no había elegido. Sintiendo que le faltaba el aire, fue a abrir la ventana.

El aire frío de la madrugada anunciaba que el invierno no tardaría en llegar. Levantó la cabeza hacia el cielo, pero las estrellas seguían ausentes, escondidas quizás tras un denso manto de nubes.

Gracias a eso, a Izan le resultó imposible pasar por alto aquella luz brillante y temblorosa que avanzaba por la colina. Al bajar la mirada, descubrió un fanal que subía por el sendero a esas horas intempestivas. Dedujo que quien lo portaba era una persona mayor, por su postura encorvada y la lentitud de su marcha.

Las dos fatídicas noticias de la cena y aquel extraño sueño habían desvelado totalmente a Izan, que decidió salir en busca del peregrino. Tal vez andaba perdido o necesitaba ayuda, pensó.

Tras vestirse y enfundarse su único abrigo, bajó las escaleras con sigilo para que sus padres no descubrieran su excursión nocturna.

Salió por la puerta y rodeó la casa antes de apretar el paso por la senda que había seguido el forastero. No tardó en darle alcance. Cada cinco o seis pasos, aquella sombra que portaba el fanal se detenía. Izan podía entonces oír su respiración agitada y trabajosa.

Dudó unos momentos antes de ponerse a su lado con un par de zancadas. No logró ver el rostro del peregrino, ya que estaba hundido en su caperuza como en el interior de una cueva. Aun así, el muchacho se atrevió a hablarle:

—¿Necesita ayuda? Puedo cargar su fardo, si le resulta pesado. ¿Va usted muy lejos?

El peregrino no contestó a ninguna de las preguntas, pero dejó ir un voluminoso hatillo que Izan cazó al vuelo. Aquello significaba que tenía permiso para acompañarle, concluyó.

Dicen que el punto más frío de la noche es justo antes de amanecer, pero el camino ascendente mantenía en calor al chico, cuya mente llenaba el silencio de preguntas.

¿Quién era aquel anciano encapuchado y por qué atravesaba esas colinas de madrugada? ¿Adónde se dirigía? ¿Buscaba algo o simplemente vagaba sin rumbo?

Izan conocía bien la comarca de sus aventuras y acampadas con los amigos del pueblo, y nunca había visto a un personaje como aquel.

Al llegar a lo alto de una segunda colina desde la que se divisaba la aldea, el peregrino señaló una cabaña al borde de un risco.

El inesperado porteador conocía bien aquel lugar. Había subido hasta allí no pocas veces con sus compañeros de juegos. La puerta estaba cerrada con un grueso candado y desde la ventana se divisaba un sencillo catre, una mesa y una silla. Se hablaba de que la cabaña había pertenecido a un pastor muerto tiempo atrás, pero nadie lo sabía a ciencia cierta.

Cuando Izan vio que el peregrino sacaba de su bolsillo una gruesa llave y la introducía en el candado, no pudo contener su excitación y exclamó:

—Dígame, ¿quién es usted? ¡Nunca he visto a nadie en esta cabaña!

La llave liberó un gruñido metálico, como una bestia que despierta tras un prolongado letargo, al girar dentro de la cerradura abandonada. Antes de empujar la puerta, el hombre se giró hacia su acompañante y le dijo con voz suave:

—Que algo no haya pasado nunca no significa que no pueda suceder en cualquier momento.

Lleno de asombro, Izan siguió al peregrino hasta el interior de la choza y dejó caer el fardo sobre el catre. El forastero dejó el fanal encendido sobre la mesa y se sentó en la única silla. Le contempló desde el interior de su hábito antes de continuar:

—Sucede lo mismo con las posibilidades humanas… Que pienses que no puedes no significa que no puedas, porque una cosa es lo que piensas y otra lo que eres capaz de hacer.

Dicho esto, se bajó la caperuza dejando a la vista una cabeza pelada y huesuda. Izan se quedó paralizado al ver sus ojos pequeños y vivos. Aunque no tuviera pelo ni barba, no tuvo duda.

Era el mismo hombre que había visto en el sueño.

4

Minero de ti mismo

*«Si no tengo talento para escribir
libros o artículos periodísticos,
bueno, entonces siempre
puedo escribir para mí.»*

ANA FRANK

Izan no se atrevió a decirle al anciano que había soñado con él en un mercado de Oriente. Temía que no le creyese. Además, tenía demasiada curiosidad por saber lo que hacía en la choza del pastor.

—¿Es suya esta cabaña? ¿Por qué ha venido en plena noche?

—La cabaña pertenecía a un viejo amigo —contestó el forastero con voz suave—, es una larga historia… En cuanto a la segunda pregunta, la contestaré si tú respondes a una parecida: ¿para qué has venido a este mundo?

Tomado por sorpresa, Izan caviló un instante sobre esta cuestión antes de decir:

—Supongo que he venido a este mundo para ser minero.

—¿Y ser minero te hace feliz?

—No. Pero parece ser que tengo que seguir los pasos de mi padre y de mi abuelo…

—Tú no eres tu padre —interrumpió el viejo con una seguridad inesperada—. Tampoco eres tu abuelo.

—Ya, pero quiero decir… que todos los chicos del pueblo acaban trabajando en la mina.

—Pero hay otros lugares —concluyó el peregrino antes de levantarse y caminar con paso lento hacia la puerta.

Izan lo siguió con curiosidad hasta un saliente en el risco desde el que se divisaba la aldea. El sol había empezado a bañar los tejados con sus rayos naranjas, mientras una bandada de pájaros se elevaba hacia el cielo, anunciando el nuevo día.

Sus padres no tardarían en levantarse, pensó, así que más le valía correr antes de que advirtieran su ausencia. El anciano, sin embargo, le invitó a sentarse en aquel promontorio y le habló con tono sereno:

—En toda vida llega, antes o después, un momento crucial en el que debes elegir entre dos opciones: o aceptas un destino ajeno, o sales al mundo a encontrar tu propio camino. Tengo la impresión de que estás en esa encrucijada ahora.

—¿Cree entonces que debería irme a otro lugar para no ser minero? ¡Mis padres no me lo perdonarían nunca!

—Puedes seguir la tradición familiar… —repuso el viejo con una sonrisa enigmática—, pero ser otra clase de minero.

—¿A qué se refiere?

—Dime una cosa, hijo: ¿qué hace un minero?

—Eso lo sabe todo el mundo —respondió el chico, desconcertado—. Baja a la mina para extraer el mineral.

—Muy bien, ¿y qué hace el minero con ese material precioso? —preguntó el anciano.

—Lo saca a la superficie.

—Eso es. Una vez fuera, el mundo puede disfrutar del tesoro que has arrancado del interior de la tierra. Pues bien, chico, eso mismo puedes hacer contigo mismo.

Izan le miró sin comprender.

—Dentro de ti también hay un tesoro… ¡Muchos tesoros, de hecho! Si haces de minero de ti mismo, podrás ofrecer al mundo eso tan valioso que llevas dentro. Ese es tu propósito… y el de todos.

—No estoy seguro de saber cuál es mi propósito… —murmuró Izan—. De hecho, ni siquiera sé cuál es ese tesoro que hay dentro de mí.

—Lo descubrirás cuando empieces a excavar. Pero para eso no necesitas usar una pala, sino tus piernas, tu cabeza… ¡y tu corazón! Tendrás que ver mucho, comprender mucho y sentir mucho. Tu propósito es la razón por la que estás en el mundo en este justo momento.

—¿Y si no tengo ningún propósito?

—¡Aceptar eso significaría que tu vida es un despropósito! Pero, por suerte para ti, esa circunstancia no tiene lugar en el universo porque ninguna forma de vida está desprovista de propósito. ¡Todas las criaturas tienen uno! Por lo tanto, tú también.

—¿Y si no sé para qué he venido a este mundo?

—En ese caso, tu primer objetivo será descubrir tu propósito a través de tu geniotipo. ¿Conoces tu geniotipo, Izan? —dijo el peregrino con entusiasmo.

—¿Mi geniotipo? Nunca había escuchado esta palabra…

En ese momento, el peregrino sacó de su bolsillo un pergamino con nueve figuras geométricas encabezado por la leyenda «El mapa del geniotipo».

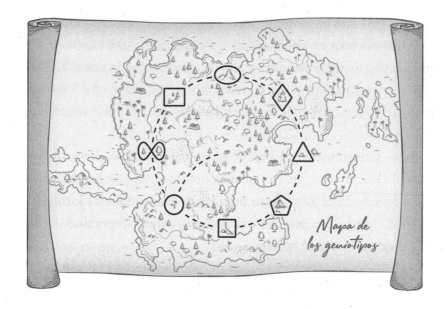

Mapa de los geniotipos

Mirando profundamente a los ojos de Izan, le explicó:

—El geniotipo es el tipo de genio que hay en ti. Memoriza bien estas nueve figuras, hijo, porque detrás de cada una de ellas se puede conocer el talento de cada persona.

—¿De verdad que el geniotipo me ayudará a conocer mi talento? —preguntó Izan perplejo.

—Dependerá de ti. Si caminas lo suficiente, descubrirás que cada geniotipo posee unas habilidades únicas. Estas habilidades son los ingredientes del talento innato de cada ser humano que habita este planeta. Cuando descubras tu geniotipo, tu propósito se te irá revelando.

—Entonces, ¿todas las personas nacemos con un talento?

El peregrino soltó una buena carcajada ante la cara de asombro de Izan.

—¿Acaso te parece extraño que todos tengamos talento? ¡Lo raro sería pensar que no lo tenemos! Lo que sucede es que las personas buscan su genialidad donde no está.

—¿Y dónde está mi genio?

—Dentro de ti —contestó el anciano con afabilidad, añadiendo con misterio—: ¿Acaso no recuerdas tu sueño?

—¡Claro que lo recuerdo! Pero… ¿cómo conoce mi sueño?

Mientras Izan no daba crédito a aquella magia que estaba experimentando, un sol espléndido acabó de alzarse sobre la aldea minera. Desde su atalaya, el joven y el peregrino contemplaban los vagones llenos de mineral que eran empujados en sus vías por los hombres del primer turno.

Izan se estremeció al pensar que, cuando descendiera de las colinas, él sería uno más de aquellos hombrecitos que se afanaban de aquí para allá, repitiendo su monótona danza todas las jornadas.

—¿Y pues? —le preguntó el anciano, como despertándole de una pesadilla—. ¿Qué quieres hacer?

—Me voy a otro lugar. —Izan casi se sorprendió al pronunciar estas palabras—. Quiero ser minero de mí mismo.

El peregrino asintió en silencio antes de concluir con una propuesta:

—Sal en busca de tu geniotipo para descubrir tu propósito y no te detengas hasta encontrarlo. Yo te estaré esperando aquí. —Y con un gesto rápido extendió su brazo con un regalo—. Quédate con el mapa del geniotipo. Te hará falta.

5

Más allá del mundo conocido

«Estoy agradecido a todos los
que me dijeron que no.
Es gracias a ellos que estoy
siendo yo mismo.»

ALBERT EINSTEIN

Izan empezó a bajar por la ladera opuesta a la aldea. Tras un rato caminando, se dio cuenta de que ya no conocía el sendero. Nunca se había aventurado más allá de la cabaña del pastor.

Por eso se sorprendió al encontrarse con un río ancho y caudaloso que le cortaba el paso. Tendría que cruzarlo si quería saber qué había más allá del mundo conocido.

Un hombre delgado de pelo ensortijado gris estaba sentado en la orilla con una caña de pescar. No recordaba haberlo visto nunca por el pueblo, así que le saludó:

—¿Cómo va la pesca?

—Aún no lo sé… —respondió con voz grave y serena—. Esto es una cuestión de paciencia, pregúntame al final del día. Por cierto, me llamo Gabor.

Izan se presentó, mientras se decía para sus adentros que no iba a estar allí tanto tiempo. Tendría que cruzar el río, si era posible hacerlo, o dar media vuelta y correr a casa. Mientras se acababa de decidir, preguntó al pescador:

—¿Qué hay en la otra orilla?

—Muchas cosas… Todo un mundo, de hecho. ¿Por qué no lo compruebas por ti mismo?

Lleno de dudas, Izan se levantó los pantalones hasta las rodillas y dio un primer paso dentro del río. El agua estaba helada, pero no era tan profunda para que no pudiera pasar andando.

Retrocedió mientras acababa de decidirse. El pescador se dio cuenta y le preguntó:

—¿Qué piensas hacer?

—No lo sé… —reconoció el chico—. La verdad es que mis padres se enfadarían muchísimo si supieran que me he alejado tanto de mi aldea. Y tampoco creo que mis amigos del pueblo lo aprobaran.

—Entiendo… —dijo Gabor, con mirada melancólica—. Hace mucho tiempo que trabajo de médico. A veces traigo a mis pacientes aquí y conversamos sobre la vida. Les digo que todo ser humano se enfrenta antes o después a uno de estos dos dolores: o asumes el dolor de no ser tú mismo para complacer a los demás, o bien aceptas el dolor de ser tú y de que algunas personas queridas se alejen de ti, o incluso te rechacen, porque no aprueban tus decisiones vitales.

Izan se quedó pensativo. Las palabras del médico encajaban con lo que le había dicho el peregrino al amanecer. Se dijo que, si había que escoger entre esas dos clases de dolor, prefería el que le llevara a ser él mismo y encontrar su propósito.

Al ver que se disponía ya a cruzar, Gabor le comentó:

—El otro día vine a pescar con Joe, un amigo escritor. Me explicó que quienes pretenden atravesar el río del cambio, como tú ahora, se enfrentan a dos miedos.

—¿Cuáles son? —preguntó Izan, preocupado.

—Uno es el de la gente que se queda en esta orilla. Ahora mismo solo estamos tú y yo, pero en cuanto empieces a cruzar te parecerá oír en tu cabeza las voces de tus padres, las de tus profesores o las de tus amigos que gritan: ¡Adónde vas, loco!

Izan sonrió ante esto último.

—El segundo miedo —continuó Gabor— estará en ti. Cuando llegues a la mitad del río, puede que notes el agua muy fría y tengas la tentación de dar media vuelta. El consejo de Joe es que, cuando cruces el río del cambio, no escuches los miedos de tu gente, ni tampoco los tuyos. Simplemente ve hasta la otra orilla y descubre qué hay allí.

6

La ciudad en la otra orilla

«En tres palabras puedo resumir todo lo que he aprendido en la vida: sigue hacia delante.»

Robert Frost

Cuando Izan pisó el otro lado del río, sintió cierto vértigo. Ahora sí que se hallaba más allá del mundo conocido. Era como si, tras dejar atrás la mochila del pasado, la gravedad le hubiera abandonado y en cualquier momento pudiera salir volando.

Después de avanzar un buen rato por un terreno incómodo lleno de pedruscos y matorrales que le herían las piernas, finalmente llegó a un sendero ancho y despejado.

Aunque no había visto a nadie todavía, Izan se dijo que aquel camino debía de llegar a alguna población más próspera que la suya, donde todo el mundo nacía y moría como minero. Tal vez en ese lugar desconocido encontraría a alguien que pudiera ayudarle a contestar la gran pregunta: ¿Para qué he venido a este mundo?

En efecto, cuando el sol estaba en lo más alto, llegó a los aledaños de una pequeña ciudad. Tras pasar por algunas granjas entre campos de cultivo, a lo lejos vio la torre de la iglesia, rodeada de decenas de casas de tejados rojos.

Habituado a los caminos embarrados de su aldea minera, Izan casi no se atrevía a pisar aquellas calles pulcramente empedradas, como si fuera a ensuciarlas con sus suelas de obrero.

Estaba tan atento a aquel mundo nuevo que tardó en darse cuenta de que un niño de algo más de diez años le estaba siguiendo. Llevaba una gorra de lana sobre las gafas redondas que le daban el aspecto de un ratón resabiado.

Al girarse hacia el pequeño, este se dirigió a él:

—¿Qué buscas, forastero? —le preguntó con voz aflautada—. Porque no eres de aquí, ¿verdad?

—La verdad es que no... Busco a alguien que me ayude a descubrir para qué he venido a este mundo.

—Eso no parece fácil.

—Desde luego que no... —murmuró Izan—. Pero tú pareces un chico de ciudad. Tal vez sepas a quién puedo recurrir.

El niño caviló unos instantes y dijo:

—Tienes que hablar con la maestra. Si alguien puede ayudarte en eso que estás buscando es ella.

—¿La maestra? ¿Dónde puedo encontrarla?

—En la plaza de la iglesia verás que hay una calle estrecha que sube. Ella vive en una de esas casas. Aunque no tienen números, no te costará encontrarla. Solo tienes que llamar a su puerta.

—Pero... ¿cómo sabré cuál es su puerta? —preguntó Izan.

—La distinguirás en seguida. Tiene pintado en la madera el signo del infinito.

Izan sintió que iba por buen camino al recordar que el Infinito era uno de los nueve signos del mapa del genotipo que le había mostrado el peregrino.

Tras agradecerle su ayuda, Izan arrancó el paso en dirección a la torre de la iglesia.

A diferencia de lo que ocurría en su aldea, donde todo el mundo se saludaba, se cruzó con una veintena de personas que ni siquiera levantaron la mirada hacia él.

En la plaza de la iglesia encontró un mercado muy bullicioso que atravesó a toda prisa, en busca de la calle estrecha y empinada de la que le había hablado el chico. Cuando dio con ella, empezó a fijarse en las puertas, que eran gruesas y rústicas.

En la cuarta casa de la izquierda distinguió en la madera el símbolo del que le habían hablado.

Intrigado por saber por qué había en la casa de la maestra el signo del infinito, Izan buscó el timbre en la entrada, pero no supo encontrarlo.

Se disponía ya a golpear la puerta con el puño cuando se dio cuenta que no estaba cerrada, sino ajustada.

Inseguro, la empujó suavemente y asomó la cabeza a un salón cubierto de estanterías de libros, con una gran mesa en el centro. De un viejo gramófono se escuchaba una pieza de música clásica.

Fascinado con aquel ambiente, y casi sin darse cuenta, los pies de Izan le llevaron hasta el centro de aquel salón.

7

En casa de la maestra

*«El límite de tu comprensión actual
no es el límite de tus posibilidades.»*

GUY FINLEY

Unos pasos suaves que bajaban del primer piso pusieron a Izan en tensión. Su instinto le pedía salir de allí antes de que fuera sorprendido como un forajido, pero, por alguna razón, sus pies no se querían despegar del suelo.

Contra todo pronóstico, la dueña de la casa no pareció demasiado sorprendida de encontrarle allí. Se limitó a pasarse la mano por la melena blanca y le dijo:

—Tú debes de ser un alumno nuevo. Creo que no te conozco.

—Le pido disculpas por haber entrado en su casa sin… —balbuceó Izan.

—Déjate de formalismos —le cortó ella—. Mi puerta está siempre abierta para quien desea aprender. Siéntate, vamos, no te quedes ahí como un pasmarote. ¿Qué tipo de conocimientos te interesan?

El recién llegado se dejó caer sobre una silla junto a la gran mesa. Mientras pensaba qué responder a eso, la maestra fue a por una jarra de agua con hierbabuena y sirvió dos vasos. Luego se sentó frente a él.

—¿Y bien?

—La verdad es que no sé qué nombre tendrían esos estudios. Intento descubrir para qué he venido a este mundo, cuál es mi propósito y todo eso…, pero no estoy seguro de tener una misión especial en la vida. ¿Entiende lo que quiero decir?

—Demasiado bien lo entiendo —dijo frotándose los ojos—. Pero permíteme que me muestre en desacuerdo. Todos los seres humanos tenemos un talento y un propósito, aunque algunos penséis que no. ¿Te imaginas lo triste que sería nacer sin eso? ¡No se me ocurre mayor despropósito!

—Sí, eso me han dicho, pero… —murmuró Izan—, ¿por qué no soy capaz de ver el mío?

—Porque la forma más común de desconocer nuestro talento es creer que no lo tenemos.

—¿Y qué puedo hacer para conocerlo?

—Darte cuenta de que lo que piensas es solo una opinión en tu cabeza —dijo la maestra—, mientras que el talento es un hecho en tu corazón.

—Cuanto más la escucho, más perdido me siento… Ni siquiera sé por qué me he metido en esta aventura. Todo el mundo debe de estar buscándome ahora mismo en la aldea de la que vengo.

—Creo que confundes el propósito con la meta, joven —le dijo la maestra con una sonrisa amable—. Es normal y saludable que no sepas adónde te llevará tu camino, al igual que es bueno no saber cuándo moriremos. El propósito se encuentra en el viaje en sí. El lugar al que llegues y cuándo llegues es lo de menos…, lo importante es que disfrutes del camino hasta allí. A medida que avance el viaje, irás comprendiendo tu propósito en la vida.

Izan no le dijo lo que en aquel momento pasaba por su cabeza. Todo aquello era más de lo que podía comprender en ese momento.

Tras cruzar el río del mundo conocido, estaba demasiado asustado para disfrutar de nada.

La maestra pareció captar su confusión, así que recuperó la primera pregunta que le había planteado el chico.

—Antes de saber para qué has venido a este mundo, hay algo que debes averiguar.

—¿Y qué es ese algo? —preguntó Izan, intrigado.

—Primero debes conocerte. Para fijar la meta de su viaje, el viajero necesita descubrir quién es.

Tras pensarlo un instante, Izan dio un sorbo a su vaso y dijo:

—Algo así me dijo un peregrino al que encontré esta madrugada. Yo le expliqué que vivo en un pueblo donde solo se puede ser minero, y él me dijo que no había problema, que podía ser minero de mí mismo.

—Es una bella manera de decirlo —comentó la maestra—. Sin autoconocimiento no hay propósito. Saber quién eres te llevará al resto de descubrimientos.

Izan inspiró profundamente antes de agregar:

—Usted es maestra. Imagino que no siempre supo lo que quería hacer con su vida.

—Evidentemente que no —reconoció, satisfecha—. A tu edad yo andaba tan perdida como tú.

—¿Y cómo llegó a descubrirlo?

—Acompáñame y te explicaré cómo sucedió —dijo la mujer mientras se levantaba con energía—, en el lugar donde sucedió.

Izan le siguió, lleno de curiosidad. Cuando ambos cruzaron la puerta, él se volvió a fijar en el signo del infinito allí pintado y preguntó:

—¿Por qué tiene ese símbolo pintado en su puerta?

—Porque es mi geniotipo. ¿Para qué me lo preguntas si ya conoces la respuesta?

8

¿Cuál es tu geniotipo?

*«Trata de mantener tu mente abierta
a las posibilidades y tu boca cerrada
para los asuntos de los que no sabes.
Limita tus "siempres" y tus "nuncas".»*

AMY POEHLER

Izan siguió a la maestra hasta un edificio encalado en lo alto de la calle. Por la amplia puerta y el patio con porterías de futbol, supuso que era la escuela de aquella pequeña ciudad.

—Los niños están en el comedor ahora —dijo ella—, aprovechemos para entrar. Ven, te mostraré dónde estuve educando durante más de treinta años.

—¿Y ya no lo hace? —le preguntó él mientras atravesaban un pasillo del blanco edificio.

—En teoría estoy jubilada, pero, cuando encuentras tu pasión, nunca puedes jubilarte. Sería como retirarte de lo que eres en esencia. Por eso seré maestra hasta que me muera.

Izan la escuchaba fascinado. En lo más profundo de sí mismo, deseaba encontrar también su misión en la vida, pero... ¿cómo hacerlo?

Al entrar en el aula con diez hileras de bancos y una vieja pizarra, la maestra le explicó:

—A mí me sucedía igual que a ti. No sabía para qué había venido a este mundo. Por eso, iba haciendo trabajitos aquí y allá. Uno de ellos era limpiar esta escuela. —La mujer hizo una pausa para asegurarse de que el chico atendía; Izan era todo oídos—. Una mañana, nada más llegar, supe que el maestro de la escuela había tenido un accidente y no podría acudir a clase. Al ver a todos los niños en el aula, esperando para empezar, me dieron pena y decidí darles una pequeña charla.

—Guau... eso fue valiente. ¿Y de qué les habló?

—Recuerdo que era primavera... —dijo ella entornando los ojos—. Mi padre siempre había sido un apasionado del huerto. Yo a veces le ayudaba, así que conocía los secretos de cada planta, cuándo se cultivaba y cuándo se cosechaba, el agua que necesitaba cada una... Empecé hablándoles de eso, haciéndoles participar. Los niños de aquí conocen la naturaleza, así que cada uno hizo una aportación en aquella improvisada clase de ciencias naturales. Cuando sonó la campana del patio, yo tenía la impresión de que había pasado un minuto.

—O sea, que se dio cuenta de que por fin había encontrado lo suyo... —dijo Izan, fascinado—. ¿Y qué hizo entonces?

—Busqué dónde podía convertirme en maestra y me entregué a la educación con una pasión desconocida. Ojalá la hubiera descubierto antes... —murmuró la maestra—. Tardé 25 años en saber cuál era mi geniotipo.

—Por favor, cuénteme más sobre el geniotipo.

La maestra se apoyó en la pizarra y le explicó:

—Todo el mundo es un genio en algo, amigo, el quid de la cuestión es saber en qué. Para eso sirve conocer tu geniotipo: yo, como ya sabes, soy Infinito.

El chico esperó a que ella continuara.

—Infinito es el geniotipo de quienes han nacido para acompañar y educar —explicó la mujer—. Su propósito es mostrar nuevos caminos a los demás, sacar brillo al talento ajeno, empoderarles para que den lo mejor de sí mismos. Por eso se llama Infinito, porque este geniotipo no ve límites en los demás. ¿Te resuena lo que te digo?

—Lo comprendo y admiro... —dijo Izan—. Pero no creo que yo sea Infinito. ¿Qué puede enseñar quien ni siquiera se conoce a sí mismo?

—Tiempo al tiempo. Antes de sacar conclusiones, te aconsejo que indagues sobre el resto de geniotipos. ¡Quién sabe! Quizás algún día descubras que tú también eres un maestro, y empezarás a guiar a otros por los caminos en los que tú has estado.

—Ya... pero, mientras tanto, ¿qué hago? Me he escapado de casa y no tengo adónde ir.

La maestra caviló un momento y dijo:

—Lo que necesitas ahora es un trabajo. Pregunta por Mario, el contable de este lugar. Está tan ocupado con tantas cosas que seguro que tiene alguna tarea para ti.

LA LECCIÓN DE INFINITO

Para encontrar tu propósito,

antes debes aprender quién eres.

9

Entrevista con el contable

*«El talento debe ser visto como
el ingrediente más indispensable para el éxito,
pero el éxito también depende
de cómo se gestiona ese talento.»*

Allan Schweyer

Izan no necesitó preguntar mucho para saber acerca de Mario. Todo el mundo le conocía, bien porque ayudaba a calcular el pago de impuestos o porque hacía el inventario de sacos de grano, entre muchas otras tareas de las que se ocupaba el contable.

De hecho, estaba tan ocupado que no fue hasta el final de la tarde cuando logró dar con él. Lo encontró a las afueras de la ciudad, con una libreta delante de un rebaño de ovejas que pastaban en una loma. Supo que era él por la descripción que le habían dado: un hombre de complexión robusta, algo paticorto y con un sombrero de fieltro marrón.

Como si tuviera ojos en la espalda, se giró de golpe hacia él cuando se acercó.

—¿Es usted Mario? —le preguntó el chico, algo cohibido.

—El mismo que viste y calza. ¿De dónde has salido tú? ¿Qué buscas por aquí?

—Vengo del otro lado del río y… —tras dudar un instante, prefirió no decirle que se había escapado de casa—. La verdad es que busco un trabajo. Aunque sea solo por unos días.

El contable se ajustó el sombrero en una cabeza que se adivinaba calva y se peinó el fino bigote, como si le ayudara a pensar, antes de preguntarle:

—¿Eres ordenado y meticuloso?

—Creo que sí… Bueno, mis compañeros de clase siempre me decían que mi habitación estaba más pulcra que la suya. Y mientras fui a la escuela, intentaba llevar los deberes al día…

Izan temía que el tal Mario quisiera saber por qué no estaba en la escuela y qué hacía fuera de su pueblo, pero no le preguntó nada de eso. Mostrando su pragmatismo, le dijo:

—Te doy una advertencia: no necesito gente que traiga caos. De eso hay ya suficiente en el mundo. Mi tarea es hacer que el mundo funcione. ¿Se te da bien eso? ¿O eres de los que empeora o estropea las cosas?

—Lo hago lo mejor que puedo, señor…

Izan no se atrevió a decir más.

El hombre le miró con simpatía. Al parecer ya había pasado la entrevista de trabajo, puesto que le lanzó el cuaderno y le dijo:

—Te dejo con las ovejas, muchacho. A mí me esperan en un velatorio. Ha muerto una anciana de la ciudad y necesitan que administre su herencia entre dos hermanas, cinco hijos y once nietos. La pobre mujer solo poseía una cabaña y un corral con media docena de gallinas. No será fácil.

Mario se levantó el sombrero a modo de despedida y estaba a punto de irse cuando Izan le detuvo:

—Disculpe… señor contable. ¿Qué debo hacer con las ovejas?

—¡Pensaba que sabías pastorear! —dijo sorprendido—. Todos los chicos de aquí lo han hecho alguna vez. Simplemente asegúrate de que cada animal haya comido antes de que caiga el sol. Luego conduce el rebaño al cobertizo que encontrarás detrás de esta loma. Sírveles agua fresca a las ovejas y cierra la puerta. Mientras tanto, quiero que anotes cuantas crías y ovejas adultas hay de cada casa. También si hay alguna embarazada. Cuando regrese por la noche, te pediré ese inventario. ¡Al lío!

Dicho esto, se alejó a grandes zancadas, todo lo grandes que se lo permitían sus cortas piernas.

10

La hoguera

«Elige un trabajo que te guste
y no tendrás que trabajar
un solo día en tu vida.»

CONFUCIO

En su aldea entendían de piedras, no de animales, así que Izan caminó inseguro entre el rebaño de ovejas. De vez en cuando, una le sorprendía con un fuerte balido, como si tratara de espabilarle.

Siguiendo las indicaciones de Mario, observó cómo comían el pasto hasta que el sol empezó a bajar por el horizonte. Mientras tanto, apuntaba en el bloc de notas, que tenía un cuadrado en la cubierta, los datos que le había pedido el contable.

Cada oveja tenía un collar de un color determinado. Izan se dijo que debía de corresponder a la «casa» a la que pertenecía, así que se dedicó a anotar con esmero cuántos animales adultos y cuántas crías había de cada color. Por su abultada panza, distinguió dos ovejas embarazadas y las añadió a su casa correspondiente.

Mientras hacía ese trabajo rutinario, pero nuevo para él, sintió que se relajaba. Era como si, al poner orden en aquel rebaño, también se ordenara algo dentro de él. Le resultaba una sensación muy agradable.

Cuando ya oscurecía, siguió las instrucciones que le habían dado y condujo el rebaño al cobertizo. Las ovejas parecían acostumbradas a aquel ritual, ya que, en cuanto se encaminó hacia la construcción de madera, le siguieron mansamente en medio de un concierto de balidos.

Izan se aseguró de que todas estuvieran dentro antes de salir con un cubo a la fuente para que los animales tuvieran agua durante la noche. Luego aseguró los portones del cobertizo.

Nada más cerrar, vio que se acercaba Mario con sus pasos cortos y vigorosos. Llevaba leña seca bajo el brazo y un zurrón con la cena.

Izan le ayudó a encender la hoguera, como había hecho tantas veces con los chicos del pueblo, y luego ambos se sentaron delante de la hipnótica danza de las llamas.

El contable asintió varias veces con la cabeza al leer el inventario que el chico había escrito con su mejor letra. Luego sacó del zurrón dos monedas de cobre y se las entregó.

Izan las guardó con emoción. Aquel era su primer sueldo por un trabajo que nunca había hecho.

Cuando Mario cerró la libreta, el chico volvió a fijarse en el cuadrado que adornaba la cubierta y le preguntó:

—Ese cuadrado en la tapa no es casualidad, ¿verdad? —Y ante la sonrisa del contable, siguió—. En casa de la maestra estaba el signo del Infinito. ¿Es el Cuadrado su…?

—Geniotipo —completó Mario—. Sí, así es.

Antes de seguir hablando, el hombre entregó a su joven ayudante una afilada rama donde había clavado una patata y una salchicha. Él hizo lo propio y los dos acercaron sus pinchos al fuego para que se fuera asando la cena.

—La genialidad del Cuadrado es que sabe poner orden al caos del mundo —explicó el hombre, mientras hacía girar el palo para que la patata y la salchicha se cocieran por todos los lados—. ¿Qué sería del mundo sin los contables, los gestores, los administradores? ¡Una locura! Cada cual haría la guerra por su lado y nunca cuadrarían las cuentas. Los graneros estarían vacíos, porque nadie habría calculado cuánto hay que reservar para el invierno, y se mataría a los animales antes de que hubieran nacido las crías que los sustituyeran. La misión de mi geniotipo es salvar al mundo de ese desbarajuste.

—Me parece de la mayor importancia lo de poner orden al mundo... —dijo Izan, impresionado, tras dar un buen mordisco a la salchicha, que estaba deliciosa—, aunque no estoy seguro de que sea mi talento.

—Si sigues trabajando conmigo, acabarás por averiguarlo —dijo Mario—. ¿Sabes tocar de pies en el suelo?

—Creo que sí...

—Debes saber que la habilidad del Cuadrado es que no se sale de la línea recta, como indica su figura. Trabaja de forma muy seria hasta que «cuadra» el inventario, las cuentas o lo que sea que esté gestionando. Es un genio con mucha rectitud. ¡Una buena gestión ayuda a progresar! —resaltó el contable—. Sin alguien que gestione, los negocios se hundirían y no habría demanda de mano de obra. Es una labor vital, pero debes estar dispuesto a comprometerte. ¿Sabes gestionar problemas?

Izan intuía que esas no eran sus mejores capacidades. Así que, con voz tímida, pronunció:

—Don Mario, no creo que se me dé bien lo que me propone. Si no sé cómo solucionar mis propios problemas, dudo que pueda arreglar los asuntos de otros. Quizás usted, como buen Cuadrado, pueda ayudarme a solucionar el mío...

El contable suspiró al ver que el muchacho necesitaba ser escuchado con cariño. Cambió su tono estricto y le animó a explicarse:

—Cuéntame cuál es ese problema que te tiene paralizado.

—No sé qué se me da bien y tengo miedo a equivocarme de oficio y no descubrir mi propósito.

—No te preocupes por eso, Izan. Todos nos hemos equivocado alguna vez. Así que escucha lo que te voy a decir con atención: los problemas en el camino están hechos para prepararte para tu propósito.

—¿Sea cual sea mi elección?

—¡Así es! Cada equivocación contiene una valiosa lección. Elijas la profesión que elijas, te equivoques o no, lo que te acercará al propósito es la lección que extraigas de cada situación.

Izan iba a contestar algo cuando vio que una sombra delgada y grácil se acercaba a la hoguera. Las llamas iluminaron el rostro extraordinariamente bello de una joven de su edad.

—¿Puedo dormir junto a vuestro fuego? —preguntó con voz cantarina—. Tengo frío…

—Haz lo que quieras —le contestó secamente el contable, que sin duda la conocía—. Porque tú siempre haces lo que quieres, ¿verdad, Karen?

Ella se limitó a sonreír. Deslumbrado, Izan le alargó una segunda rama con comida que había recibido como cena. La tal Karen la aceptó sin dudar.

—¿No serás Círculo en vez de Cuadrado? —le riñó Mario al ver aquel gesto.

Izan no entendió muy bien qué había querido decirle con eso.

Terminada la cena, los tres durmieron plácidamente junto al crepitar de las llamas.

LA LECCIÓN DE CUADRADO

Si no hay orden,

tampoco hay progreso.

11

No hay dos caminos iguales

«El destino se cumple cuando
el camino es auténticamente tuyo.
Encuentra el coraje y forja tu propio camino.»

JESSLYN WOLF

Un nuevo día se había levantado sobre el horizonte cuando Izan abrió los ojos. Mientras observaba un grupo de aves que surcaban el cielo anaranjado, se dijo que había pasado poco más de un día desde que abandonara su casa, su aldea y su vida.

Sin embargo, le parecía que hacía siglos desde entonces.

Las brasas aún crepitaban cuando se incorporó. Mario ya no estaba allí. Siendo un hombre de gestión, se dijo, seguro que ya estaba en alguna parte cumpliendo con sus obligaciones. Quien sí seguía junto a la hoguera apagada era la tal Karen.

Izan contempló admirado cómo dormía abrazada a sí misma, con las piernas flexionadas bajo la larga falda. Sus ondulados cabellos castaños se extendían alrededor de su cabeza como los rayos de un sol tostado.

Recordó que en el cobertizo había visto una vieja manta de lana. Antes de marchar la echaría sobre aquella bella durmiente para que no la despertara el frío de la mañana.

Las ovejas celebraron su llegada con un concierto de balidos. Siguiendo las nuevas instrucciones del contable, Izan las dejó salir a comer el pasto humedecido por el rocío.

Los animales abandonaron su refugio con la alegría de los colegiales que salen por fin de clase. Él caminaba delante, con la vieja manta al hombro, pero cuando llegó a los restos de la hoguera se llevó una decepción.

Karen ya no estaba.

En el corto tiempo en el que había ido al cobertizo, ella debía de haberse desperezado y abandonado aquel lugar. ¿Adónde habría ido?, se preguntó. ¿Y quién era aquella chica de quien solo sabía el nombre?

Mario había dicho que ella siempre hacía lo que quería. ¿Podía existir un alma así de libre?

Como si las brasas que la habían calentado pudieran darle la respuesta, se agachó en el lugar justo en el que Karen había yacido. Le pareció percibir incluso el dulce olor a brea de sus cabellos.

Se encontraba en esa ensoñación cuando unos dedos fríos le taparon los ojos. A punto de arrojarse sobre las cenizas calientes del susto, Izan se giró de golpe.

—¡Buh! —gritó Karen, que a continuación liberó una risotada.

Con las mejillas ardiendo, él sintió que su corazón latía muy fuerte. Fingiendo aplomo, le preguntó:

—¿De dónde sales tú?

—Del mundo de los sueños —repuso ella, alegre—. ¿Y tú? No creo haberte visto nunca por aquí.

—Vengo del otro lado del río. Me he escapado de casa y... bueno, no sé por qué te estoy contando mi vida. ¿Tú a qué te dedicas?

—A vivir, principalmente. ¿Te parece poco?

Izan no supo qué contestar a eso.

La joven arrancó a caminar en dirección a una suave colina que se perfilaba detrás del cobertizo. Cargaba con una gran mochila de tela roja. Ensimismado, él la siguió con pasos tímidos. Karen le parecía bella y radiante como el amanecer que se elevaba sobre las montañas.

—Sé que caminas detrás de mí —dijo ella sin girarse—, pero no me importa. No hay dos caminos iguales.

—¿Por qué dices eso? —se atrevió a preguntar Izan—. ¿Y a dónde te diriges tan cargada? ¿Vas de acampada al monte o algo así?

Como toda respuesta, Karen giró sobre sí misma con los brazos extendidos, como una bailarina. Luego siguió caminando.

«Esta chica o está loca o es un genio», se dijo Izan.

Se disponía ya a dar media vuelta —no quería que ella pensara que la perseguía—, cuando la muchacha se detuvo de golpe y elevó las manos hacia el astro rey, como si cogiera una fruta madura.

Luego dio dos pasos hacia él y abrió las palmas diciendo:

—Toma, un pedacito de sol.

Izan miró sus manos vacías y luego levantó los ojos hacia Karen, que parecía divertida con su confusión, que aumentó aún más cuando ella le preguntó:

—¿Te apetece bañarte en el lago?

12

Un universo en expansión

«*El talento alcanza un objetivo
que nadie más puede alcanzar.
El genio alcanza un objetivo
que nadie más puede ver.*»

ARTHUR SCHOPENHAUER

Karen tarareaba una canción mientras los dos subían la colina por un camino sinuoso. La suave temperatura hacía olvidar que el invierno se aproximaba.

Cuando llegaron a lo alto de la loma, Izan pudo ver el lago. Sus aguas color turquesa formaban una elipse perfecta en medio del valle reseco.

Ella empezó a correr pendiente abajo, como si aquel trozo de agua en el desierto le produjera especial felicidad.

A medida que se acercaban, a Izan le preocupaban dos cosas, la segunda más que la primera: en un lago de montaña, el agua estaría muy fría a esas alturas del otoño; y además no llevaba traje de baño. Tal vez Karen sí tuviera uno para ella en su mochila roja.

Una vez en la orilla, ella se sentó sobre un leño reseco mientras sus ojos brillantes contemplaban a su nuevo amigo, que preguntó inseguro:

—¿No te metes en el agua?

—¡Ni hablar! —dijo Karen—. Yo voy a pintarte.

Dicho esto, se incorporó para abrir su mochila, de la que sacó un caballete, un lienzo en blanco y una caja de pinturas.

—Pero… —murmuró Izan, sofocado—. Antes has dicho…

—«¿Te apetece bañarte en el lago?», eso es lo que te he dicho. Y me has respondido que sí. Si me hubiera querido meter yo, te habría preguntado si te apetece que nos *bañemos*, primera persona del plural. ¡Vamos, adentro!

Sintiendo que había caído en la trampa, y para no parecer un gallina, Izan se apresuró a desnudarse. No llevaba ropa de recambio, así que tuvo que sacarse hasta la última prenda. Se dijo que Karen debía de haberlo embrujado, porque sin pensárselo dos veces se zambulló en el agua congelada.

Su cuerpo reaccionó primero con una sacudida, como si hubiera recibido una descarga eléctrica. Para no quedarse paralizado y hundirse en el fondo, Izan empezó a dar brazadas salvajes.

No fue hasta llegar a la otra orilla del lago que empezó a entrar en calor. Entonces nadó más lentamente para regresar al punto de partida, donde Karen pintaba protegida del sol con un sombrero. De vez en cuando, se alejaba del lienzo y bailaba agitando el pincel como una varita mágica. Luego volvía al trabajo.

Cada vez más convencido de que aquella chica maravillosa estaba chiflada, Izan aprovechó que estaba concentrada en su pintura para salir temblando del agua.

Antes de que pudiera ponerse su ropa sobre el cuerpo mojado, ella le arrojó una toalla que llevaba en la mochila. Luego siguió pintando sin prestarle mayor atención.

Izan se apresuró a secarse. Acto seguido, se vistió con premura, mientras pensaba que debía encontrar una manera de lavar su ropa si no quería parecer un pordiosero.

Mientras se ponía los calcetines y se ataba nuevamente los zapatos, Karen volvió a apartarse del caballete para agitar su cuerpo en una extraña danza.

—¿Qué haces? —preguntó él—. Cuando no estás pintando, quiero decir...

—Colecciono gestos. ¿Sabes? Cualquier gesto puede convertirse en arte o en una nueva idea.

Izan, ya vestido y cada vez más alucinado, se acercó a mirar cómo Karen había pintado el lago. Lo que vio en el lienzo le causó extrañeza e incluso decepción:

—Pero... eso es solo la forma del lago. ¿Dónde estoy yo?

—¡Tú eres justamente lo que he pintado! —dijo algo molesta—. ¿No te das cuenta? Eres un universo en expansión que se va creando a sí mismo.

Izan reflexionó sobre aquello. Su profesora de ciencias les había hablado del Big Bang. Le había sorprendido saber que, al principio, el universo entero cabía en la punta de una aguja. Era tan denso que explotó y empezó a expandirse, creando planetas, soles y galaxias. Creciendo sin cesar... ¿Le estaría sucediendo a él algo parecido?

Como si le hubiera leído el pensamiento, Karen añadió:

—Y esta elipse, al mismo tiempo, soy yo.

13

La historia de Karen

*«Quien es auténtico
asume la responsabilidad de ser lo que es
y se reconoce libre de ser lo que es.»*

JEAN-PAUL SARTRE

Mientras conversaban junto al lago, Izan supo que Elipse era el geniotipo de los artistas y los creadores de sueños, aquellos cuya misión en el mundo es encender la imaginación de los demás.

Karen, que estaba compartiendo con él un puñado de castañas cocidas, pertenecía claramente a ese perfil. Parecía generar ideas todo el tiempo, algo que había hecho desde niña:

—De pequeña recogía piedras y hacía con ellas mandalas en la puerta de mi casa —explicó ella—. Me enfadaba mucho cuando alguien pasaba por encima, destruyendo mis creaciones sin prestarles atención. Cuando aprendí a escribir, creaba cuentos, poemas... también canciones, aunque me cuesta afinar.

Izan sonrió ante ese comentario. Desayunando castañas cocidas junto al lago en compañía de ella, se sentía en el paraíso. Le encantaba cómo Karen explicaba su historia, así que esperó en silencio a que continuara:

—Mis padres siempre me decían que yo era una chica agotadora, y que estaba malgastando mi tiempo haciendo cosas que no me permitirían ganarme la vida. Debía esforzarme en ser alguien de provecho.

—Yo viví algo parecido antes de escaparme de casa —reconoció Izan—, pero creo que nunca he sido un artista. No sé pintar, ni bailar, aunque sí tengo algo de imaginación... Quizás tampoco sepa hacer nada de provecho, aparte de contar ovejas. —Ella rio ante este comentario—. Por eso he huido, para intentar descubrir quién soy y para qué he venido a este mundo.

Los ojos de Karen brillaron, fundiendo un poco más el corazón del chico, antes de explicarle:

—Yo no me he escapado de casa, pero es como si ya no viviera en ella. Mis padres apenas me dirigen la palabra, porque no he seguido la vida que ellos habían previsto para mí. Espero que los tuyos te puedan perdonar.

Karen le tomó la mano unos instantes, lo miró profundamente como si buscara algo dentro de él, y le susurró:

—Nuestro potencial no termina en donde nos dicen los demás.

Tras decir esto, Karen le soltó la mano.

Él sintió una punzada agridulce en el corazón. Por un lado, se sentía muy feliz de haber conocido a un alma libre como Karen. Por el otro, le preocupaba que sus padres le rechazaran cuando volviera a casa, si es que alguna vez lograba encontrarse a sí mismo. ¿Y si no les gustaba el Izan que regresaba?

Tendría que correr ese riesgo.

Como si le hubiera leído nuevamente el pensamiento, Karen acercó su rostro radiante al suyo para decirle:

—En algún sitio leí que a veces hay que decepcionar a otras personas para ser fiel a ti mismo. ¿Tú qué opinas?

—Estoy de acuerdo… Aunque hay que ser fuerte para eso. Tú lo eres, pero yo…

—Cuando encuentres tu camino, tú también tendrás esa fuerza, porque el talento te transforma —le dijo Karen—. ¿Sabes qué les dije una vez a mis padres cuando me sermoneaban con lo de que tenía que ganarme la vida?

Izan negó con la cabeza, muy atento a las palabras de ella.

—Les expliqué que los reyes siempre han cobrado impuestos a los trabajadores y con ese dinero pagan a los artistas para que los retraten. Yo prefiero ser de estos últimos. —Y tras un reflexivo silencio, añadió—: Por cierto, esta noche me largo de aquí. Necesito ver mundo para inspirarme.

Sorprendido por aquella noticia, Izan sintió que la tristeza se apoderaba de él. Al notarlo, Karen añadió:

—Si quieres despedirme, estaré aquí cuando brille la luna.

Dicho esto, le dio un beso en la frente.

14

Los trabajos de Mario

«Mejor fallar en la originalidad
que triunfar en la imitación.»

HERMAN MELVILLE

Cuando Izan se reunió con el contable, su cabeza y su corazón aún seguían en el lago. Karen le había impresionado tanto que tardó unos minutos en atender a lo que le estaba diciendo Mario, que lo había tomado bajo su protección.

—Nuestro trabajo es no dejar nada al azar. Todo lo que lleves a cabo ha de seguir una lógica, muchacho, tal como hiciste con la tarea de las ovejas. Hay que estar en todo y no soltar el control —siguió Mario—. Toda empresa es como un bebé; hay que cuidarlo para que crezca y prospere.

Tras estas breves lecciones, con las que Izan no acababa de conectar, fueron a un almacén de carpintería a hacer el inventario de distintas remesas de material. Comieron juntos de unas fiambreras que había traído su nuevo jefe, y luego fueron a la biblioteca de la pequeña ciudad.

Mario le explicó que ayudaba allí, un día a la semana, a una bibliotecaria muy mayor que se estaba quedando ciega.

Aquel lugar gustó al chico que, aunque había leído pocos libros, siempre había sentido admiración por los escritores capaces de consignar un mundo de palabras, ideas e historias en aquellos volúmenes.

Siguiendo las instrucciones del contable, Izan comprobó en los registros cuáles eran los títulos más pedidos en préstamo, para comprar más ejemplares cuando el ayuntamiento diera más dinero a la biblioteca. Asimismo, anotó los libros que deberían haber sido devueltos y que seguían en las casas de quienes los habían tomado prestados.

Mediante cartas, avisó que por favor vinieran a devolver los ejemplares, si querían seguir gozando del derecho a llevarse libros de la biblioteca.

Mario lo observaba de reojo con mirada satisfecha. Sentía que por fin había encontrado un mirlo blanco, alguien capaz de asistirle en los múltiples frentes que presentaba su trabajo.

—Tienes madera para esto —le dijo aprovechando que la vieja dama había ido al baño—. Y la bibliotecaria necesita con urgencia a alguien como tú. Podrías trabajar con ella por las tardes y me ayudarías a mí por las mañanas. Además de ganarte un dinero, la práctica te llevaría a convertirte en un gran gestor. Así te harías un hombre hecho y derecho.

A medida que le escuchaba, definitivamente, Izan sentía que algo se apagaba en su interior. Se veía preso de un mar de obligaciones que tal vez era capaz de cumplir, pero no con la mirada cuadriculada de Mario.

¿Era aquel el tipo de vida que quería llevar?

La tarde empezaba a filtrarse por las ventanas de la biblioteca, donde había acudido media docena de personas. Algunos eran ancianos que leían el boletín de la comarca, aunque también había quien devoraba gruesos volúmenes de novela histórica o colecciones de romántica.

Con el corazón encogido en medio de aquel silencio, Izan volvió a pensar en Karen, de quien iba a despedirse al anochecer. De hecho, no había dejado de pensar en ella en todo el día.

La joven pintora era libre de hacer lo que quisiera, siguiendo sin miedo su inspiración. ¿No sería mejor aquella vida que pasarse el día contando, gestionando y reclamando?

Solo había una forma de saberlo.

Al finalizar la tarea que le había sido encomendada, fue en busca de Mario, que estaba ayudando a la mujer a repasar un grueso legajo de documentos.

Izan esperó pacientemente a que terminara. Antes de que pudiera comunicarle lo que sentía, el contable le dio una pequeña paga por las tareas realizadas aquel día.

El chico aceptó agradecido aquel dinero, que unió a las monedas que había recibido la noche antes, y lleno de apuro le dijo:

—Me siento muy honrado por esta oportunidad, don Mario, pero creo que necesito viajar un poco más… Siento que antes de ordenar los asuntos de otros, debería poner orden a mi propia vida.

El rostro de Mario pasó de la decepción a una sufrida resignación. «Los jóvenes solo quieren corretear como cabras locas, sin asumir responsabilidades», parecía pensar.

Izan no le había revelado la principal razón por la que deseaba viajar. Conocer a Karen había sido un flechazo, y ansiaba reunirse con ella para acompañarla en sus aventuras.

Como si hubiera intuido esto último, el contable suspiró y le dijo:

—Eres un buen chico. Cuando quieras volver, siempre tendrás trabajo conmigo. Mientras tanto, te recomiendo que no te juntes con personas de poca cabeza. Solo lograrán confundirte más de lo que ya estás.

Aquello fue como un golpe para Izan, que no supo qué responder. Al notar que estaba compungido, Mario adoptó un tono de voz más suave para añadir:

—Si quieres vivir aventuras que te permitan aprender y ganar dinero, ve a ver de mi parte a Bilal. Estará alojado hasta mañana en la posada que hay a la salida de la ciudad.

15

Si está escrito en las estrellas

*«Tu tiempo es limitado,
no lo malgastes viviendo la vida
de otra persona.»*

STEVE JOBS

Tras agradecer repetidamente a Mario la confianza depositada en él y todo lo que había aprendido aquellas 24 horas a su lado, el contable le despidió con un abrazo y le dijo:

—Recuerda: cuando te canses de dar tumbos, si quieres labrarte un futuro con un trabajo serio, aquí me encontrarás.

Aunque tal vez fuera capaz de hacerlo, mientras se dirigía al lago bajo la luz del atardecer, Izan se dijo que su papel en el mundo no eran las tareas administrativas. Además, reflexionó: ¿acaso no es un trabajo serio pintar como Karen?

Ni siquiera le había preguntado a Mario quién era aquel Bilal y a qué se dedicaba, ya que solo quería una cosa: estar con Karen.

La encontró a la orilla del lago, poniendo su material de pintura y algo de ropa en una alta mochila. Izan se daba cuenta de que él iba con lo puesto, pero ahora disponía de algo de dinero para lavar su ropa y quizás comprar una muda sencilla.

—¡Has venido a despedirme! —dijo ella con una amplia sonrisa que volvió a fundir el corazón del chico.

—¿Acaso lo dudabas? Aunque, de hecho, no vengo a decir adiós. Puesto que no tengo planes, con tu permiso me gustaría acompañarte allí donde vayas.

El rostro de Karen se volvió repentinamente serio.

—¿Qué ocurre? —preguntó él, abatido—. ¿No te gusta que...?

—Me gustas mucho, Izan —se apresuró a decir ella—. Aunque nos acabamos de conocer, me siento cerca de ti. Por eso no puedo aceptar que me acompañes.

—No te entiendo. ¿Y eso por qué?

—Dejar que me sigas sería robarte tu propio camino. Has de encontrarlo por ti mismo, no hacer tuyo el destino de otro. Ahora mismo solo puedo ser responsable de mis aciertos y de mis errores. No puedo arrastrarte en aventuras que tal vez no lleven a ninguna parte, ¿lo entiendes?

Él lo entendía, pero los latidos de su corazón le decían que le resultaba muy doloroso separarse de Karen.

Los ojos de ella brillaron, como si también le apenara que allí terminara su historia compartida. Con un gesto nervioso, abrió la mochila y sacó de su interior un lienzo enrollado.

Se lo entregó a Izan, que lo abrió con cuidado. Era el dibujo de la Elipse que había pintado mientras él se bañaba en el lago.

—Es el universo en expansión, ¿te acuerdas? No lo olvides: la gran obra de arte de tu vida es crearte a ti mismo.

Los labios de Izan le dieron las gracias en silencio mientras enrollaba el lienzo. Aquella era ahora su única posesión, además de un destino incierto.

—¿Volverás alguna vez aquí? —le preguntó al fin.

—No puedo saberlo aún... —dijo ella algo sorprendida—. ¡Todavía no he salido de la ciudad! ¿Te refieres a si tú y yo volveremos a vernos?

—Sí.

Izan sintió que sus mejillas estaban al rojo vivo. Y aún se encendieron más cuando ella le puso sus manos delgadas y suaves en los hombros para decirle:

—Si está escrito en las estrellas, volveremos a encontrarnos.

LA LECCIÓN DE ELIPSE

Eres el creador de tu propia vida.

16

La Posada del Halcón

«Es imposible vivir sin fracasar en algo, a menos que vivas tan cautelosamente que bien podrías no haber vivido en absoluto, en cuyo caso fracasas por defecto.»

J. K. ROWLING

Tras el chasco recibido, Izan no quería volver con el contable con el rabo entre las piernas. Tampoco pensaba regresar a su casa. Había decidido prolongar el viaje hasta que descubriera qué había venido a hacer a este mundo.

Las estrellas brillaban sobre aquel lago donde él aún podía sentir el aliento fresco de Karen.

¿Adónde se dirigiría?, se preguntó, consciente de que no tenía ni la más remota idea. Fue entonces cuando recordó que Mario le había hablado de un tal Bilal, que estaba alojado en una posada a la salida de la pequeña ciudad.

Si quería vivir aventuras, aprender y ganar dinero, debía acudir a él, recordaba.

Sin nada mejor que hacer, Izan cruzó lo que quedaba de ciudad en dirección a la salida. Muchas de las luces de las casas ya se habían apagado. Eso le hizo preguntarse dónde pasaría la noche. Tenía algo de dinero, gracias a las pequeñas tareas realizadas, pero no alcanzaría para un catre en aquel lugar frecuentado por comerciantes y otras aves de paso.

Tendría suerte si lograba llevarse un trozo de pan a la boca.

Tras el último grupo de casas, Izan atravesó un descampado. Al otro lado se erigía un caserón regio con dos faroles encendidos. Sobre la entrada había un rótulo de madera con un ave de hierro encima.

POSADA DEL HALCÓN

Convencido de que aquel debía ser el lugar, antes de entrar se sacudió el polvo de la ropa que llevaba desde hacía casi dos días. Hecho esto, empujó la puerta con decisión.

Del interior le llegó un rumor de conversaciones y risas, junto con el aroma de viandas cocinadas. El estómago de Izan rugió ruidosamente, justo cuando una mujer rolliza ataviada con un delantal fue a su encuentro.

—¿Qué haces parado como un pasmarote?

—Me han dicho que aquí puedo encontrar al señor Bilal. Espero no equivocarme de…

—No te equivocas, chiquillo —le interrumpió la matrona—. Está al final del comedor, en la mesa junto a la cocina.

Izan le dio las gracias por la información y se disponía ya a pasar al comedor cuando la mujer le dijo:

—Ándate con cuidado, chiquillo. Ese Bilal le vende peines a un calvo.

Izan identificó a aquel pájaro en la mesa que le habían indicado. Era calvo y delgado, con unos ojos negros chispeantes que parecían alerta ante todo lo que pasaba a su alrededor.

Nervioso y cohibido, cuando el chico se acercó a su solitaria mesa el hombre lo escrutó con la mirada.

—Supongo que usted es el señor Bilal…

—Supones bien —dijo con voz fuerte mientras removía la cuchara dentro de un hondo plato de potaje—. ¿Qué quieres?

—Me envía Mario, el contable del pueblo. Me ha dicho que puedo aprender de usted y ganar, de paso, algún dinero.

Esta última palabra hizo que la mirada de Bilal se volviera aún más intensa. Parecía querer atravesar al chico para desvelar sus intenciones.

—Me viene bien un aprendiz, siempre que me ayudes a ganar dinero. ¿Tú qué vendes?

—Si le soy sincero… —Izan titubeó— nunca he vendido nada. Hace un par de días que abandoné mi pueblo y necesito hacer algo con mi vida, aunque no sé muy bien qué.

Bilal escuchaba con atención al joven mientras se llevaba al gaznate unas cuantas cucharadas de potaje. Luego se secó los finos labios con la servilleta y le dijo en un tono claro y sonoro:

—Que no hayas vendido nunca no significa que no sirvas para hacerlo. Has de partir de un hecho fundamental, muchacho: todo el mundo vende algo. Incluso tú.

—Yo no tengo nada para vender… —repuso tratando de ser honesto.

—Eso no es cierto. Te estás vendiendo a ti mismo. De otro modo, no habrías venido a verme. ¡Todo el mundo vende algo, amigo!

Izan no supo qué contestar a eso, así que Bilal engulló un par de cucharadas más. Al ver que el muchacho seguía ante él hipnotizado como un perro delante de un guiso, le dijo:

—Siéntate a la mesa, haz el favor. Estás muerto de hambre y yo he decidido confiar en ti. Te pagaré la cena y un lecho en la cuadra a cuenta de futuras ventas. Saldremos al amanecer.

17

La venta de la cacerola

*«El talento no ha de servir
para saberlo y decirlo todo,
sino para saber lo que se ha de decir
de lo que se sabe.»*

Mariano José de Larra

Tras llenar la barriga y beber dos vasos de agua, Izan fue acompañado por un mozo al establo. Allí descansaban varios caballos que relincharon al verle entrar.

La cama más barata de la Posada del Halcón era la paja de aquel lugar. El único privilegio que tenía respecto a los animales era que había recibido una manta y una vieja almohada.

Tras aplanar un lecho de paja, alejado de los caballos, Izan se acostó. Estaba tan cansado que aquello le pareció la cama de un rey. Antes de que pudiera decir buenas noches a sus compañeros de cuatro patas, ya estaba durmiendo.

Al día siguiente, una mano nervuda le despertó dándole suaves golpes en el cachete.

Con la impresión de que acababa de dormirse, Izan vio a su nuevo patrón con los brazos en jarras, esperándole para partir.

Se puso de pie de un salto y, tras lavarse la cara en un barreño y acicalarse un poco, siguió al mercader hasta la puerta del establo. Allí había estacionado su carro atado a un caballo que pateaba el suelo, como si estuviera deseoso de salir.

Izan se sentó a la derecha del comerciante y se percató enseguida de que el carro tenía grabado un triángulo en la capota. De forma instintiva, se puso la mano en el bolsillo... pero, antes de darse cuenta, Bilal le preguntó con picardía:

—¿Buscas esto? —Extendió su brazo con el mapa del geniotipo—. Se te ha caído al levantarte de la cama. ¿Quién te lo ha dado? Un comerciante siempre quiere toda la información.

—Un peregrino que me encontré. ¿Acaso sabe lo que es?

—¡Por supuesto! Uno de mis dones es conocer el valor de todo para saber si puedo hacer buenos tratos con la mercancía.

Parecía que Bilal sabía mucho, e Izan estaba lleno de curiosidad por saber más, así que dejó seguir hablando al buen mercader.

—Chico, ¡puedo decirte que este mapa no tiene precio! Su valor está en lo que la persona obtiene al completarlo.

—¿Y qué valor es ese, que no se puede pagar con dinero? —preguntó Izan intrigado.

—El amor propio. No hay moneda que pueda comprarlo. —A continuación, detuvo el carro y, con voz profunda, sentenció—: Completa el mapa del geniotipo, Izan, y comprenderás que el mundo no está en lo que necesitas, sino en lo que puedes ofrecer. Y solo desde el amor propio podrás dar algo de valor a los demás.

Izan intentaba asimilar las palabras de Bilal, cuando este se puso en marcha de nuevo. Mientras tanto, echó una rápida mirada al contenido del carro, para hacerse una idea de qué vendía aquel hombre a quien tendría que ayudar desde ahora en adelante.

Había frascos con líquidos espesos, utensilios de cocina, camisas cuidadosamente dobladas y algunos juguetes de hojalata, entre un montón de trastos más. Aquella diversidad le hizo suponer que Bilal era capaz de vender cualquier cosa, aunque estaba intrigado por ver cómo lo hacía.

—Y bien, ¿cuándo me empezarás a enseñar a ser un buen mercader? —preguntó Izan.

—Lo primero que debes meterte en la sesera, si quieres vender, es que el mundo es abundancia. Si vas con mentalidad de pobre, no te darán ni una piedra. Cuando te convenzas de que hay de sobras para todos, podrás lograr cualquier cosa.

—Entonces… debo creer que lo que vendo es lo bastante bueno para que el otro tenga ganas de comprarlo por el precio que le pido.

—Yo diría que es el camino contrario —explicó Bilal—. Recuerda que tú no pides, ofreces. El comprador no te va a hacer ningún favor, pero te comprará lo que le digas si ve un valor en la oportunidad que le presentas.

Izan vio por primera vez a su nuevo jefe en acción en una parada que hicieron a media mañana en una aldea de una docena de habitantes. Una lugareña de mediana edad estaba cocinando con la puerta abierta, de la que se escapaba el humo del delicioso plato que estaba preparando.

Bilal saltó del carro sin dudar y dijo bien alto:

—Lo que usted cocina, buena mujer, debe de ser para paladares muy nobles. ¡Hace años que no olía algo tan sabroso!

—Muchas gracias… —repuso halagada mientras se acercaba a la puerta—. Si se espera un par de horas, además de olerlo podrán catarlo usted y su hijo.

El comerciante no se molestó en corregir esto último. Ya había metido la cabeza en la pequeña casa y preguntaba:

—¿Puedo saber en qué cacerola está cocinando esa delicia?

La mujer le invitó gustosa a que se acercara a contemplarla.

—Ya veo… —dijo Bilal, dando un paso atrás, como si hubiera visto algo que le desagradaba—. Es una lástima que una artista de la cocina como usted tenga que trabajar en un recipiente tan modesto.

—¿Qué quiere decir?

—El hierro siempre tiñe un poco el sabor de la comida —explicó el hombre con tono experto—, y una cacerola más grande, de barro, facilitaría la cocción y potenciaría los sabores.

—Recojo su consejo —dijo la cocinera un poco molesta—, pero esto es lo que tengo. En esta aldea no hay…

—En esta aldea hay de todo —replicó Bilal yendo al carro para descubrir su contenido—, al menos en este momento. La providencia así lo ha querido.

Dicho esto, fue a buscar una gran cacerola de barro y se la ofreció a la mujer, que estaba francamente sorprendida.

—Es la última que me queda y la tengo apalabrada en la feria del pueblo al que nos dirigimos. Pero me da rabia que esta pieza se la lleve un cocinero burdo, que no sabe manejar los fuegos como usted. Le diré que se me ha roto por el camino y sanseacabó.

—Pero… —la mujer estaba desconcertada— no quisiera que, por mi culpa, su cliente se quede sin la cacerola que encargó. Si le parece, cuando vuelva a pasar por aquí me trae otra igual a esta.

—Eso sería imposible —repuso Bilal con expresión apenada—. El artesano que las hace es el mejor del mundo, pero tiene tantos encargos que pasarán años hasta que llegue a mis manos otra de estas. Aprovéchela usted, que se lo merece. El otro que se conforme con una de hierro.

18

Las lecciones del mercader

*«Cuando un hombre ha puesto un
límite en lo que hará, ha puesto
un límite en lo que puede hacer.»*

CHARLES M. SCHWAB

Tras aquella primera demostración, el carromato volvió a ponerse en marcha, camino de la población donde tendría lugar la feria.

Izan tenía sentimientos encontrados. Por un lado, le asombraba la venta que acababa de realizar Bilal. Por el otro, no le gustaba que aquella buena mujer hubiera comprado algo que quizás no necesitaba.

Al transmitírselo a su nuevo jefe, el hombre chasqueó la lengua y, mientras sujetaba las riendas, explicó:

—Yo no compro ni vendo nada que no me parezca excelente y que no aporte gran valor al cliente. Esa es la primera regla de oro del buen vendedor: si no crees en tu producto, el comprador tampoco lo hará.

—Entiendo… pero la cocinera ya tenía una cazuela en la que cocinar su guiso.

—Sí, pero yo le he ofrecido una mucho mejor. Le he transmitido la idea de que ella es única y, por lo tanto, merece algo único, de mayor calidad. Quédate con dos claves más para cerrar una venta, chico —le dijo Bilal con su voz clara y fuerte—. Has de hacer sentir al cliente único y especial, algo que es cierto, porque todo el mundo es irrepetible. Y le has de mostrar el valor único de lo que se lleva, para que lo vea como una oportunidad.

—Pero, hasta que tú no llegaste, ella no sabía que necesitaba una cazuela distinta a lo que tenía…

Bilal sonrió ante ese comentario. Al final de la carretera ya se divisaba la población a la que se dirigían. Un colorido conjunto de carpas y tenderetes mostraba que un gran mercado se había instalado en las afueras.

—Tienes una visión limitada del deseo, y por lo que intuyo, de la vida en general, muchacho. Dime, ¿te has enamorado alguna vez?

—No lo sé… —Izan pensó enseguida en Karen y, nervioso, añadió—: Bueno, quizás sí.

—¿Y necesitabas a esa persona de algún modo antes de que apareciera?

—La verdad es que no… puesto que no la conocía hasta ese momento.

—¡Ajá! —exclamó Bilal, entusiasmado—. ¿No te parece curioso? Alguien que no sabías ni siquiera que existía, de repente se hace imprescindible en tu vida.

Izan asintió sin decir nada, impresionado por la facilidad de palabra del mercader.

—Pues lo mismo sucede con las cosas que compramos. Como decía un gran vendedor norteamericano, el cliente no sabe lo que quiere hasta que se lo enseñas. Si tu producto es bueno y lo sabes explicar con claridad y pasión, se enamorará por sí solo y la venta estará hecha.

19

Los tres preceptos de San Pablo

*«El talento sin oportunidades
es como un árbol sin sol;
no puede crecer ni prosperar.»*

STEVEN SPIELBERG

Izan estaba fascinado por el bullicio de aquella feria instalada en las afueras de la población. En su aldea, los días de mercado se juntaban como mucho una docena de paradas, pero allí superaban de largo el centenar.

Y no solo eso, también había malabaristas y músicos callejeros que hacían tanto ruido que los comerciantes necesitaban gritar para anunciar sus mercancías.

Aunque nunca pensó que pudiera haber nacido para esa tarea, a Izan le resultaba atractiva aquella vida llena de novedad. Si se hacía comerciante, como Bilal, nunca le faltaría una moneda en el bolsillo y conocería gentes y lugares de lo más variado. Acabaría teniendo mundo, como le decía su maestro.

Dispuesto a saldar la deuda que tenía con él, Izan levantaba la voz entre el gentío y anunciaba con todo lujo de detalles las maravillas que almacenaban en el carromato.

El mercader lo escuchaba con media sonrisa, y, al ver que muchos de los posibles clientes no se quedaban hasta el final de su parlamento, finalmente llevó al chico a un lado y le dijo:

—Veo buena actitud en ti. Tratas a cada persona como a alguien especial, y lo mismo haces con cada artículo que ofreces. Sin embargo, en el arte de convencer el *cómo* es tan importante como el *qué*.

Izan escuchaba muy atentamente, mientras bebía un vaso de limonada que le había dado su mentor. Este le preguntó:

—¿Conoces los tres preceptos de San Pablo?

El chico negó con la cabeza.

—Pues tienes que metértelos en la cabeza si quieres ser un buen comerciante o dar charlas que conmuevan a todo el mundo. San Pablo fue un gran «vendedor» del cristianismo. Sabía hablarle a la gente, en lugares donde no sabían nada de Jesús, y el primer precepto por el que se guiaba era la sencillez de lenguaje. Afirmaba: «Prefiero decir cinco palabras en una lengua que todos comprendan, que miles de palabras en una lengua desconocida».

Bilal escrutó con sus ojos negros la expresión de su aprendiz antes de pasar al siguiente precepto:

—Lo segundo que sabía muy bien San Pablo era la importancia de adaptarse a quien se tiene delante: no es lo mismo hablarle a un obispo que a un campesino, o que a un niño rico con el bolsillo lleno de oro. Por eso, cuando aleccionaba a sus discípulos para que predicaran mejor, les decía: «Sed altos para los altos, rubios para los rubios, tontos para los tontos».

Izan tomó buena nota mental de ello, mientras se preguntaba cuál sería el tercer precepto de San Pablo. El mercader no tardó en hacérselo saber:

—Por último, el apóstol sabía ser breve. A fin de cuentas, su sermón de la montaña no duró mucho más de un par de minutos.

Después de escuchar todo esto, el chico desvió la mirada hacia el triángulo pintado sobre la capota del carromato. Hacía rato que tenía una deducción que quiso comprobar con él:

—Definitivamente, tu geniotipo es Triángulo, ¿verdad?

—Tú lo has dicho —repuso satisfecho—. Es el talento de los vendedores y de los sofistas, aquellas personas capaces de cautivar al público a través de la palabra.

Izan se preguntaba si ese símbolo obedecía a los tres vértices de la figura geométrica para los tres preceptos de San Pablo. O quizás fuera el hecho de que el triángulo apunta hacia arriba, y el gran vendedor no se pone otro límite que el cielo.

No tuvo tiempo de corroborarlo, porque Bilal ya volvía a estar rodeado de hombres a los que mostraba una fina camisa blanca de hilo.

—¿Cómo va la venta, forastero? —le preguntó un joven guasón.

—¡Mejor imposible, chaval! Me han quitado todas las piezas de las manos y ya solo me queda esta camisa.

—¿Tiene otros colores? —preguntó un hombre pelirrojo.

—Puedo darle la camisa del color que quiera, caballero, siempre que sea blanca —dijo provocando una carcajada general.

Medio minuto después, estaba vendida.

LA LECCIÓN DE TRIÁNGULO

Solo se puede vender bien aquello de lo que

tú reconoces su valor

(empezando por ti mismo).

20

Bailando con Ninon

«Tu talento es un don que Dios te ha dado.
Lo que hagas con él
es tu regalo para Dios.»

LEO BUSCAGLIA

Al caer la tarde, la feria empezó a desarmarse como un circo que se prepara para ir a otra ciudad. Solo quedó abierto un rincón de la plaza donde se habían colgado farolillos de colores. Según escuchó Izan, aquella noche habría baile.

Cansado del viaje y de estar todo el día anunciando su mercancía, aún con escaso éxito, el chico agradeció tener una cama. Dormiría en una casa de huéspedes regentada por una mujer afable llamada Marta.

Su hija, que pese a ser de la edad de Izan debía de medir metro ochenta, se preparaba frente a un espejo para el baile de aquella noche.

El aprendiz de mercader, que había lavado y puesto a secar su única vestimenta, estaba ya en la cama tras una cena ligera, cuando Bilal entró en su pequeña habitación.

Tras encender la luz, le lanzó una muda de ropa que había sacado del carromato y le ordenó:

—Ponte esto. Puedes acostarte un poco más tarde.

Sin entender nada, Izan se enfundó la ropa fresca mientras sentía que la cabeza le daba vueltas. De la plaza le llegaba la música animada de un acordeón.

—Ninon quiere que la lleves al baile, me lo ha dicho su madre. No hay chicos de tu edad en esta feria, y la moza no quiere bailar con alguien que podría ser su padre, que en paz descanse.

Asumiendo que iba a salir con la chica gigante que había visto acicalándose, Izan no quiso decepcionarla. Tras vestirse con ropa fresca, se lavó la cara y se acabó de peinar con los dedos.

Al salir de la habitación, la tal Ninon ya lo estaba esperando, nerviosa, en la puerta de la casa de huéspedes. Llevaba un fino vestido azul con zapatos de medio tacón que la hacían parecer aún más alta. Se había pintado los labios y puesto sombra en los ojos.

Bilal observó con una sonrisa traviesa cómo el chico saludaba a la moza con una suave reverencia. Ella, que le sacaba una cabeza, le ofreció el brazo para que Izan la tomara para ir juntos hacia la improvisada pista de baile.

Media docena de parejas de edad madura ya giraban bajo los farolillos.

Cuando Ninon le pasó la mano por la cintura para iniciar la danza, él confesó:

—La verdad es que nunca he bailado con ninguna chica…

—No te preocupes —dijo ella con voz grave—. Solo has de seguir mis pasos y procurar no pisarme los pies.

Dicho esto, empezaron a danzar al ritmo de una tonada alegre y vigorosa.

Al principio, Izan tenía problemas para acompañar sus movimientos, pero, tras un par de piezas, ya fue capaz de bailar sin pisarla ni tropezar con sus propios pies.

Era agradable compartir aquel ambiente festivo con los feriantes, aunque al cerrar los ojos imaginaba que estaba bailando con Karen.

Ninon lo despertó de su sueño con un explosivo estornudo que dejó su cara húmeda.

—Perdón… —dijo apurada, aunque lo cierto es que a lo largo del baile le estornudaría encima un par de veces más.

Después de varias piezas alegres, el acordeonista tocó una balada. Eso obligaba a bailar más lento… y también más cerca, como le indicó ella:

—Vamos, pégate a mí. Así es más divertido.

Con el poderoso busto de ella pegado a su pecho, Izan evolucionaba lentamente en la pista, sintiendo cada vez más calor.

Dio gracias al cielo cuando, al terminar aquella balada, los farolillos se apagaron, dando la fiesta por terminada.

—Gracias por bailar conmigo esta noche —dijo Ninon tomándole del brazo para volver juntos a la casa—. Me lo he pasado genial.

—Yo también —dijo él, muy cortés, antes de soltar un magnífico estornudo.

21

El círculo protector

«Cuando reconocemos el talento,
las virtudes, la belleza de la Madre Tierra,
algo nace en nosotros,
algún tipo de conexión:
el amor nace.»

THICH NHAT HANH

De madrugada, Izan oyó el trajín de los huéspedes que iban saliendo de la casa rumbo a otros destinos. De un momento a otro, pensó, Bilal vendría a buscarlo.

Como si le hubieran dado una soberana paliza, sentía que le dolían todos los huesos. A veces tenía calor y sudaba como si se encontrara en pleno verano. Luego le entraban escalofríos y no había mantas suficientes para contener sus temblores.

Cuando el comerciante vino a buscarle, bajo la primera luz de la mañana, Izan tenía tanta fiebre que casi se desmayó al tratar de salir de la cama.

Al darse cuenta, la señora Marta le dijo a Bilal desde la puerta de la habitación:

—Deje descansar al chico. Hay una epidemia de gripe... mi hija la pasó la semana pasada. Por suerte, ya está recuperándose.

Nada más oír la palabra gripe, Bilal dio un paso hacia atrás y declaró:

—No puedo permitirme ponerme enfermo. Y esta tarde me espera un cliente que me ha hecho varios encargos.

—Puede dejar a su ayudante aquí —dijo la mujer—. Yo cuidaré de él hasta que se ponga bueno.

—Se lo agradezco —repuso el mercader aliviado, que se dirigió al chico para añadir—. Volveré por ti en unos días, ¿de acuerdo? Muestras buenas maneras, pero tienes aún mucho que aprender.

Izan quiso contestar algo a eso, pero le venció la debilidad y volvió a caer en el pozo del sueño.

Cuando abrió los ojos, era ya de noche y un delicioso aroma a tomillo y ajo cocido flotaba en la habitación. Aún se sentía molido, pero aquellas horas de sueño le habían hecho bien.

Al incorporarse, vio que la señora Marta estaba sentada cerca de la cama. En una mesita a su lado había un plato de sopa humeante y una cuchara.

—Vamos, come un poco. Esta sopa despierta a un muerto.

Tras darle las gracias reiteradamente, Izan puso el plato en su regazo y empezó a tomar aquella sopa de ajos y hierbas. Le pareció la más rica que había probado en su vida.

Mientras él comía, la mujer le dijo:

—Ninon ha salido esta mañana hacia el internado donde estudia. Me ha dicho que bailas muy bien y que fuiste muy gentil con ella. Creo que le gustaría volver a verte, por eso te estoy reteniendo aquí —bromeó ella.

—Le debo la vida, señora Marta. Le entregaré las monedas que tengo para pagar parte de mi estancia. El resto...

—No pagarás nada —le interrumpió la hostalera—. Es por fuerza mayor que no has podido proseguir el viaje. Hasta que no te recuperes, considérate nuestro invitado.

La conversación siguió mientras Izan terminaba de comer aquella sopa que le estaba devolviendo la energía. Marta se interesó por su vida mientras bordaba un círculo azul sobre un cuadradito de paño. Al notar que él se interesaba por su labor, la mujer explicó:

—Cuando termine este babero, aún me queda hacer otro. Son un regalo para dos gemelos que acaban de nacer en el pueblo… —Su mirada se desvió hacia el círculo de hilo azul que estaba bordando—. Desde que me dijeron que yo soy Círculo, pongo esa figura en mis trabajos de costura.

—¿Quién le dijo eso? —preguntó Izan muy interesado—. ¿Y qué significa ser Círculo?

—Un joven moreno con gafas pasó por aquí con una carpeta llena de apuntes. Me explicó que estaba haciendo un estudio sobre el talento humano, a partir de nueve modelos, y que mi gen…

—Geniotipo —completó él, ya acostumbrado a esa palabra.

—Eso mismo, pues que el mío es Círculo, el de las personas cuya misión en la vida es dar amor incondicional a los demás.

Mientras Marta seguía bordando, Izan recordó los geniotipos representados en el mapa que había conocido hasta ahora. Infinito para los maestros de vida. Cuadrado para los gestores. Elipse para los creativos —al recordar a Karen, su corazón bombeó más fuerte—. Triángulo para los mercaderes y conferenciantes. Círculo para el amor incondicional.

Había abandonado su casa para saber cuál era su misión en el mundo. Si no encajaba en ninguno de aquellos cinco talentos, tendría que explorar los otros cuatro en busca de sí mismo.

Mientras pensaba en todo esto, su mirada se fijó en el círculo azul que iba tomando forma en los paños para los bebés. A Izan le pareció que aquel círculo protector incluía a la humanidad entera, también a él.

22

A lado y lado de la puerta

«*El talento es como un árbol,*
el éxito es como su fruto;
ambos dependen del cuidado que reciban.»

PLATÓN

Reconfortado por aquella sopa y por la conversación con la dueña de la casa, Izan durmió diez horas más antes de levantarse de la cama a la mañana siguiente.

Cuando se despertó, Marta le había preparado ya un baño caliente con sus dos mudas de ropa perfectamente limpias y planchadas. Al poner su cuerpo dentro del barreño, suspiró de placer.

Con los ojos cerrados, dio gracias a la providencia por haberle llevado a aquella casa que destilaba amor y calidez. ¿Serían así todos los Círculos? Mientras se preguntaba esto, la hostalera le habló desde el otro lado de la puerta, que estaba ajustada.

—¿Estás bien ahí? ¿Necesitas un poco más de agua caliente?

—Estoy de maravilla, señora Marta, no necesito más.

Tras un silencio al otro lado que hizo creer a Izan que ella se había marchado, la mujer le dijo:

—Antes de marcharse esta mañana, Bilal me ha dicho que hace ya tres días que te has ido de casa.

—Sí…

—Tus padres deben estar muy preocupados. ¿Por qué lo has hecho?

En la voz de Marta no había juicio, solo preocupación sincera.

—He dejado mi casa solo por un tiempo —explicó él midiendo sus palabras—, hasta que logre saber qué he venido a hacer a este mundo. De haberme quedado allí, no conocería otra cosa que la oscuridad de las minas.

—Te entiendo, hijo… Y me parece lícito que te busques a ti mismo en la aventura. Pero no por ello debes hacer sufrir a tus padres. Un sabio de Oriente lo dijo así: si por tus limitaciones o por tu situación personal no eres capaz de hacer feliz a los demás, asegúrate al menos de que tus actos no sean causa de su infelicidad.

Estas palabras dejaron pensativo a Izan, que de repente se sentía el ser más egoísta del universo. Había salido a la aventura siguiendo un impulso, sin tener en cuenta los sentimientos de sus padres. De hecho, desde que estaba fuera, había vivido tantas cosas y conocido a tanta gente, que apenas había tenido tiempo de pensar en ellos.

No sabía aún cuál era su geniotipo, pero en aquel momento dudaba que fuera Círculo.

—Entonces… ¿cree que debería volver? —preguntó Izan levantando la voz para que Marta le oyera al otro lado de la puerta.

—No, si aún no has cumplido tu propósito… —le respondió con dulzura—, pero escríbeles al menos una carta para que estén tranquilos. Después de poner el pollo en el horno, iré a correos a comprarte un sello y un sobre bien bonito. Te daré un par de folios y la estilográfica de Ninon para que les escribas después del almuerzo. ¡No olvides decirles que les quieres! Todos los padres necesitan saberlo, aunque les cueste mostrar sus sentimientos.

Izan sintió que los ojos se le llenaban de lágrimas. La hostalera había dado en el clavo, pensó. Bajo la aparente frialdad de sus padres, sin duda pensaban que hacían lo correcto para darle un futuro. Esa era su manera de expresarle su amor.

—Tiene toda la razón, señora Marta —le dijo al fin—. Le agradezco mucho que me procure material de escritura para redactarles esa carta. Lo haré hoy mismo sin falta y yo mismo la llevaré al correo, si la fiebre me ha bajado.

—¡Así me gusta! Por cierto, sobre lo que te he dicho antes, mantengo la importancia de no causar infelicidad a nuestro alrededor, pero tú ya has hecho feliz a alguien.

—¿De verdad? —preguntó Izan, sorprendido, mientras notaba el cuerpo totalmente relajado en el agua caliente.

—Ayer hiciste feliz a Ninon, sacándola a bailar. Me dijo que fuiste un caballero durante toda la velada. ¿Sabes? En este lugar no hay muchos jóvenes, y los pocos que hay la rechazan por ser demasiado alta.

—Ninon no debería preocuparse por eso —improvisó él—. Una persona alta puede dar pasos más largos y, además, desde arriba se ve mejor el mundo.

Marta soltó una carcajada desde el otro lado de la puerta. Luego le confesó, apurada:

—No pienses que me río de ti, querido. Simplemente, me ha hecho gracia lo que acabas de decir. ¿Sabías que tienes facilidad para hacer sentir bien a los demás? ¡Tal vez eres Círculo y no lo sabes!

Izan tenía serias dudas sobre eso. Aquella conversación a lado y lado de la puerta quizás se estaba prolongando demasiado. Aun así, no pudo evitar decirle a la anfitriona:

—Señora Marta, ¿por qué es usted tan buena? Habla de mí... pero veo que usted está siempre pendiente de la felicidad de los demás. ¿Me equivoco? ¿Y su felicidad, dónde está?

—¡Tú mismo lo has dicho, querido! A mí me hace feliz hacer felices a los demás. No creo que haya tarea más importante en este mundo.

23

Aprender de quienes saben

*«La vida solo puede entenderse
hacia atrás, pero debe vivirse
hacia delante.»*

SØREN KIERKEGAARD

Queridos papá y mamá:

Antes de nada, os pido disculpas por haberme marchado de madrugada, sin ni siquiera una nota de despedida. Ahora me doy cuenta de que he sido muy desconsiderado y os pido perdón por ello.

De hecho, cuando salí de casa no sospechaba que mi viaje sería tan largo. Empecé siguiendo el candil de un peregrino, y una cosa llevó a otra. Desde entonces, he conocido a una maestra, he trabajado para un contable, he compartido tiempo con una pintora y he aprendido de un astuto comerciante.

Os escribo ahora mismo desde la hospedería de una mujer de gran corazón. De todos ellos estoy aprendiendo, y eso me hace pensar que este es el verdadero propósito de mi viaje: aprender de quienes saben, como decía un poema griego que leímos en clase.

No sé qué otros aprendizajes me esperan en el camino, pero regresaré cuando sienta que he descubierto para qué he venido a este mundo. Quiero averiguarlo por mí mismo, y ganar algo de dinero para no depender de nadie.

El día que regrese, si no me abrís la puerta, lo comprenderé.

Imagino que estáis enfadados conmigo. Muy enfadados, incluso. En mi defensa, quiero decir que no estoy actuando de forma distinta que mi abuelo cuando llegó a la aldea.

Me habéis contado varias veces que abandonó las tierras de cultivo de su familia, porque apenas daban para subsistir tras deslomarse de sol a sol un día tras otro. Por eso se echó a los caminos y, tras oír que había trabajo en las minas, se ofreció a aprender el oficio.

Yo tengo su misma inquietud, pero, a diferencia de él, aún no sé dónde me espera mi futuro. A veces pienso que huye delante de mí, como un horizonte que nunca puedes alcanzar.

Tal vez me estoy poniendo demasiado poético. Ya sabéis que la clase de redacción era una de mis favoritas, hasta que tuve que dejar la escuela.

En fin, os escribo solo para que sepáis que estoy bien, que no me falta nada y, sobre todo, que os quiero mucho. Sé que hace años que no os lo digo, porque con la edad uno se vuelve vergonzoso para decir las cosas verdaderamente importantes.

Pues ya está dicho. Espero volver a veros pronto.

Con todo mi cariño y gratitud,

IZAN

24

Ponle amor

*«No renuncies a hacer
lo que realmente quieres hacer.
Donde hay amor e inspiración,
no creo que puedas equivocarte.»*

ELLA FITZGERALD

Tres días después, Izan se sentía totalmente recuperado. Los buenos cuidados de Marta, que no había dejado de cocinar para él, le habían devuelto las fuerzas. Haber mandado aquella carta a sus padres había dado también paz a su alma.

Sentado en el salón junto a la anfitriona, con una taza de café en la mano, ella le explicó:

—Esta tarde llegan nuevos huéspedes, pero tu habitación queda para ti, ya eres de la casa. En un par de días volverá Ninon y le gustará verte.

—Sería un gran placer, señora Marta —dijo él, compungido—, pero debo proseguir mi camino. Ya he abusado suficiente de su hospitalidad y, además, necesito encontrar aquello que he salido a buscar.

La mujer afirmó en silencio, como si se hubiera esperado aquella respuesta. Luego le puso la mano en el hombro y le dijo:

—Tienes el universo a tu disposición, hijo. Solo debes conectar con tu corazón y el amor hará el resto, ¿lo entiendes, Izan?

—No sé si será tan fácil para mí… —se atrevió a decir.

—Lo será cuando llegue el momento —repuso Marta—. Ponle amor a todo lo que hagas, y encontrarás tu propósito allí donde estés.

—Pero lo lógico sería saber primero qué quieres hacer con tu vida… Cuando lo descubres, entonces puedes entregarte a ello y convertirlo en tu misión. ¿No sería así?

Marta miró a los ojos de Izan con cariño, reconociendo en él las mismas dudas que ella había tenido a su edad, y le contestó:

—Si la lógica existiera, tú no estarías aquí, ni habrías vivido ninguna de las experiencias de los últimos días.

—¿Y eso por qué? —preguntó Izan.

—Porque para tus padres, lo lógico es que estuvieras trabajando en la mina. Has roto las cadenas de lo que era correcto y previsible —continuó Marta—. A partir de aquí, cualquier cosa puede pasar.

Izan se quedó mudo. «¿Acaso la lógica no existe?», se preguntó internamente.

—Si quieres hacer de tu vida un bello camino —concluyó Marta—, ponle amor, hijo. El amor revela las mejores cualidades de las personas. Es el elixir para hacer de ti y del mundo algo mejor. Da igual a lo que te dediques, chico; si le pones corazón será algo especial. El amor lo transforma todo, lo bueno y lo malo. Y, por lo tanto, también tu vida.

—¿Sabe qué creo, señora Marta? —dijo Izan antes de partir y dejarle el cuadro de Karen como agradecimiento—, que después de conocerla a usted, dar amor incondicionalmente me parece también un talento.

LA LECCIÓN DE CÍRCULO

El amor lleva a la abundancia,

porque te transforma a ti y a los demás.

25

La mente de principiante

«No temas crecer lentamente;
teme solo quedarte quieto.»

PROVERBIO CHINO

Con ropa limpia, una muda y algo de comida para el viaje, además de las monedas que la hostalera no había querido aceptar, Izan prosiguió su camino con un sentimiento de gratitud.

Gracias a aquella gripe sobrevenida, había conocido el amor incondicional que todo lo cura y lo transforma. Ahora veía el mundo como un lugar más amable y lleno de posibilidades.

Fue tal vez por eso que, mientras caminaba junto a un campo de maíz, se detuvo en una casa de campo donde un hombre corpulento trabajaba en el tejado.

—¿Sabe si queda lejos la próxima ciudad, buen hombre?

El obrero se sacó la gorra para ver quién le estaba hablando y le respondió con voz alegre:

—Así, a pie, unas dos jornadas de camino. ¿Buscas algo o a alguien, muchacho?

—La verdad es que no —reconoció Izan—, aunque me vendría bien un empleo.

—Si eso es lo que buscas, has ido a parar al lugar correcto. Tengo más trabajo del que puedo asumir, porque a quien hace bien su labor le salen los proyectos por las orejas.

—¿Quiere que suba a ayudarle? —preguntó el chico, solícito.

—¡No! Es demasiado peligroso para un joven inexperto como tú. Espera que bajo.

El hombre, que se presentó como Tomás, estrechó la mano a quien iba a ser contratado como aprendiz de albañil. Tenía tanta fuerza que Izan sintió que sus huesos crujían. Su rostro sudoroso de mejillas coloradas le decía que aquel hombre estaba acostumbrado al duro trabajo al aire libre.

—Mientras yo me encargo del tejado, tú puedes ayudarme a construir el gallinero. Los ladrillos ya están ahí y yo te enseñaré a preparar el cemento.

Izan observó que una de las paredes ya estaba construida, mientras que de la segunda apenas había tres hileras de ladrillos encajados con gran precisión. Supuso que sería a partir de ahí que él debía retomar el trabajo.

Antes de eso, recibió de Tomás minuciosas lecciones sobre cómo debía mezclar el cemento, sobre el uso de la paleta y la manera de alinear cada uno de los ladrillos.

—Te pagaré un tanto por jornal —le advirtió el albañil—, porque si lo hiciera por ladrillo colocado podrías tener la tentación de correr y la pared no saldría perfecta.

Izan estuvo a punto de protestar, pero el hombre aclaró:

—No dudo de que quieras hacerlo bien. El problema es cuando se piensa más en producir mucho que en la calidad de lo que haces. Prefiero un gallinero que se aguante de pie tres siglos, que uno que tenga que ser reparado con la primera tempestad, por haber querido ir rápido. Eso me lo enseñó una arquitecta japonesa para la que trabajé.

Esto último llamó la atención del chico, que no imaginaba que alguien de tan lejos hubiera venido por aquellas tierras, menos aún para tomar a sueldo a un hombre sencillo como aquel.

—¿Qué le enseñó la arquitecta? —preguntó Izan muy interesado.

—Me enseñó cómo poner ladrillos si cansarme gracias al *Shoshin*.

—¿Y eso qué es?

—Se traduce como «mente de principiante» y es algo propio de los monjes zen. Nos cansamos de algo cuando lo vivimos como repetido y aburrido —explicó Tomás con paciencia—. Si cada ladrillo que pongo lo vivo como algo idéntico al ladrillo anterior, cuando haya puesto cien... o mil, el trabajo me parecerá una tortura. Estaré pensando todo el rato en cuántos ladrillos me faltan para acabar esa maldita pared.

Izan sonrió ante ese comentario, que le parecía una verdad como un templo. El albañil prosiguió con su charla:

—Pero, si en lugar de verlo así, te lo tomas con *Shoshin*, con mente de principiante, vivirás la colocación de cada ladrillo como si fuera la primera vez. Entonces será como el amor... —dijo el albañil con ojos soñadores—, todo el mundo se acuerda de la primera cita. Eres muy cuidadoso con aquello que haces y cualquier cosa te parece muy emocionante. Pues bien, esa es la mentalidad que has de poner, ladrillo a ladrillo, cuando construyes algo, sea una pocilga, un corral como este o una catedral.

26

Una catedral en un gallinero

«Es difícil superar a una persona
que nunca se rinde.»

Babe Ruth

Antes de regresar a su tejado, Tomás supervisó un buen rato cómo su aprendiz iba colocando cada ladrillo con esmero en la segunda pared del gallinero. Le hizo algunos comentarios y correcciones, a los que Izan ponía gran atención para mejorar su trabajo.

Intentaba hacerlo con mente de principiante, como si cada ladrillo fuera una obra de arte que permanecería allí para la eternidad. Totalmente concentrado, el tiempo se le pasaba volando y, cuando quiso darse cuenta, ya era la hora del almuerzo y la pared había crecido casi un metro de altura.

Tras revisar su tarea con satisfacción, Tomás le dio el aprobado y entraron en la casa. En el horno ya se calentaban unas viandas que el albañil había traído de su propio hogar.

Izan levantó la mirada al techo, que estaba ya prácticamente cubierto con tejas nuevas.

—¿Para quién es esta construcción? —preguntó.

—Para Miriam, una joven investigadora… no me preguntes de qué. Tiene vivienda en la ciudad, pero quiere mudarse al campo para tener más tranquilidad mientras estudia. Vendrá en un par de días a visitar las obras, podrás conocerla.

Dicho esto, sacó del horno una fuente de carne con patatas y se pusieron a comer.

Entre bocado y bocado, Tomás le contó una vieja historia que siempre explicaba su padre, de quien aprendió el oficio de la construcción.

Al parecer, el arquitecto de la catedral de Londres decidió pasearse por las obras para ver cómo avanzaban los picapedreros. Se fijó concretamente en tres de ellos: uno trabajaba con desgana, el otro de forma correcta y el tercero de manera excelente. Decidido a comprender por qué sucedía eso, el arquitecto se dirigió al primero y le preguntó:

—¿A qué se dedica usted, caballero?

—¿Es que no lo ve? —dijo el picapedrero, irritado—. ¡Trabajo de sol a sol, maldita sea!

Al hacer la misma pregunta al segundo trabajador, este dijo:

—Me gano el jornal para mantener a mi familia.

Luego siguió picando piedra de forma rutinaria.

Cuando el arquitecto le preguntó al tercero, que trabajaba de forma excelente y parecía disfrutar con ello, este le respondió, orgulloso:

—¡Estoy construyendo la Catedral de Londres!

Izan comprendió que el albañil era como ese tercer picapedrero. De hecho, pensó, construía aquel tejado y las paredes del gallinero como si estuviera erigiendo una catedral.

Quizás tuviera que ver con lo que le había enseñado Marta: solo las cosas hechas con amor salen bien.

Al notar que su aprendiz estaba pensativo, Tomás le dijo:

—Da igual a qué quieras dedicarte y el talento que tengas, nada de lo que hagas en esta vida puede funcionar sin voluntad. No te rindas. Por eso yo aplico la mente de principiante. Pongo la misma ilusión a la primera teja o ladrillo que a la que termina la obra.

—Trabajar así es un don… —dijo Izan, impresionado—. Por cierto, estoy recorriendo esta comarca para entender los distintos tipos de talento, para completar mi mapa del geniotipo.

—Pues creo que puedo ayudarte, porque por aquí pasó un hombre joven con gafas que me habló del genio que todos llevamos dentro.

—¿Y qué más le dijo?

—Tras hablar un rato conmigo y ver cómo trabajaba, me dijo que mi geniotipo se llama Rectángulo. ¿Tú entiendes por qué?

Tras pensarlo un instante, Izan respondió:

—Quizás porque el rectángulo es la forma de un ladrillo.

Tomás le miró sorprendido por aquella conclusión. Luego los dos rieron.

LA LECCIÓN DE RECTÁNGULO

Nada importante se consigue

sin picar piedra.

27

Un mundo de problemas

*«Usa la palabra imposible con
la mayor precaución.»*

WERNER VON BRAUN

Dos jornadas más pasaron mientras Izan se acostumbraba a aquella vida sencilla y esforzada. Tenía muy en cuenta las palabras de Tomás cada vez que colocaba un nuevo ladrillo, intentando que encajara a la perfección.

Tres veces al día comían juntos y, por la noche, descansaba en una confortable habitación de la casa de la Doctora, como la llamaba su jefe. Tenían permiso para usar la vivienda a su gusto mientras duraran las obras.

En ese sentido, pensaba Izan, ellos eran como los antiguos arquitectos de catedrales, que vivían y dormían dentro del templo.

Un atardecer, mientras ya culminaba su segunda pared, desde lo alto de la escalera vio la polvareda de un carro que se aproximaba por el camino. De él bajó una mujer de porte elegante, con el pelo moreno recogido y un maletín en la mano.

Izan no dudó que se trataba de Miriam, la dueña de la finca en la que trabajaban.

Siguió con su labor mientras la mujer se acercaba al gallinero con la mirada inquisitiva de un sabueso. ¿Eran fallos lo que buscaba? Pronto lo sabría, puesto que ella decidió romper el hielo con voz clara y sonora:

—Tú eres nuevo aquí. —Pasó uno de sus finos dedos por la juntura entre dos ladrillos y movió la cabeza afirmativamente—. Y por lo que veo no se te da nada mal. ¿Ya sabes cuál es tu talento?

Asumiendo que la investigadora —de lo que fuese— le había puesto ya la etiqueta de Rectángulo, Izan contraatacó:

—Todavía no sé cuál es mi talento principal… De un tiempo a esta parte, cada pocos días cambio de oficio como un noble cambia de camisa. ¿Y usted? ¿Cuál es su talento?

—Solucionar problemas.

—Entonces seguro que está muy solicitada, porque todo el mundo tiene problemas, y si no los tiene se los crea. Quien no se deja la piel para llegar a fin de mes, quiere cambiar la ciudad por el campo, o bien encontrar alguien con quien casarse. En mi caso, el problema es saber qué diablos he venido a hacer a este mundo… —Izan se dio cuenta de que se estaba excediendo, así que concluyó—: Mientras tanto, voy añadiendo ladrillos al muro.

—Todo esto que me cuentas es fantástico —dijo Miriam con entusiasmo.

—¿Qué tiene eso de fantástico?

—¿Te imaginas vivir en un mundo sin problemas? Te lo plantearé al revés, Izan: ¿Qué sería de la vida de las personas sin problemas que solucionar?

Izan no supo qué contestar. Había abandonado a sus padres y emprendido aquella aventura, llena de maestros y tareas, para solucionar sus problemas existenciales. Si respondía a la pregunta que le había puesto en camino y solucionaba sus problemas, ¿entonces qué haría?

Miriam parecía haber adivinado su debate interno, ya que enseguida le dijo:

—No te preocupes por eso. Cuando soluciones tus problemas, tendrás otros. Si no te los trae la vida, tú mismo te encargarás de crear más, como has dicho antes… Los problemas nos dan vida, nos llevan más allá de una existencia confortable y vacía.

Izan recordó el momento en el que había cruzado el río del cambio. Parecía haber pasado una eternidad desde entonces.

Miriam volvió a tomar la palabra:

—Para solucionar problemas, que es una de las habilidades del geniotipo Pentágono —dijo ella señalando en su cuello un colgante de plata con esa figura—, hay que crear constantemente realidades distintas. Cada nuevo problema te lleva a una nueva solución, eso es lo que engancha a las científicas como yo. Muchas veces me toman por loca, porque propongo cosas que aún no existen para problemas a los que aún no se ha puesto nombre.

—Si un ser humano puede crear nuevas realidades que aún no existen… —dijo Izan, emocionado—. También puede crear mundos que aún no existen, ¿no?

—Sí y no. Cualquier nuevo mundo que se desee crear está ya dentro de este, solo que aún nadie lo ha descubierto. Por eso no lo puedes ver. Lo mismo pasa contigo: en tu interior hay posibilidades infinitas que aún no han visto la luz. Aunque no hayan emergido, están ahí.

—¿Y qué puedo hacer para que emerjan?

—¡Usa tu talento! ¡A estas alturas del viaje, ya deberías saberlo!

—Señora Pentágono… —dijo Izan algo triste—. El problema es, justamente, que no sé cuál es mi talento. Por eso estoy recorriendo el mapa del geniotipo.

—No te preocupes, Izan. Después de la cena charlaremos tranquilamente.

28

Templar el alma

*«No dejes nunca que las titulaciones
sean la única referencia de tu talento.»*

Anónimo

Aquella noche cenaron los tres juntos y Miriam demostró que sabía adaptarse a todo tipo de interlocutores. Así como había debatido con Izan sobre la búsqueda de su propio talento, con Tomás dirigió la conversación hacia temas relativos a la construcción, incluyendo materiales y tiempos de finalización.

Cuando el albañil se retiró a su dormitorio, dando la charla por terminada, la mujer levantó la mano con suavidad para hacer entender a Izan que quería seguir hablando con él.

Puso al fuego un cazo con agua y hierbas que llevaba en el bolso. Le aclaró que las había recogido ella misma. Entre las muchas cosas que le gustaba estudiar, una era la fitoterapia, el arte de sanar con plantas.

—Tómate esto y quizás consigas frenar el torbellino de ideas que pasan por tu cabeza —le dijo Miriam mientras ponía dos tazas sobre la mesa.

—Me gusta charlar con usted —repuso Izan—, más incluso que construir los muros del gallinero.

Ella rio ante esa ocurrencia mientras calentaba las manos en la taza caliente. Sin darse por vencido, Izan preguntó:

—¿Puede darme algún truco para que me sea más fácil encontrar mi propósito?

—Sí, vacía tu mente de problemas y así dejarás espacio para tu talento. —Izan la escuchaba con gran atención—. También debes pensar menos. Cuando piensas, quedas atrapado en tus pensamientos y te alejas del mundo real. Y tu talento forma parte del mundo real. Si tratas de racionalizar si has nacido para poner ladrillos, te vas a llenar de teorías y acabarás hecho un lío. En cambio, con un par de semanas de práctica sabrás si esto es o no para ti. Y, como eso, todo.

Izan se llevó la infusión a los labios. Era amarga pero muy fragante, como si sorbiera un trozo de bosque.

—Es decir, que se trata de hacer más y pensar menos.

—Casi, casi… —dijo Miriam—. Se trata de ir haciendo aquellas cosas que sientes que te aportan paz y felicidad, sin importarte lo que piensen los demás.

—Eso intento —apostilló Izan algo desmoralizado—. Desde que me escapé de casa estoy completando el mapa del geniotipo para encontrar la serenidad… pero sin demasiado éxito todavía.

—Tranquilo, sigue así. No tardarás en llegar adonde tengas que llegar.

Izan suspiró mientras tomaba un segundo trago de aquella infusión. Abriendo su corazón a Miriam, dijo:

—A veces pienso si no sería mejor conformarme con una vida normal, como el resto de los chicos de mi aldea.

—No tiene sentido ser normal y ser infeliz —repuso ella—. ¿Sabes cuántos sueños se destruyen por dar prioridad a la supervivencia? Si lo intentas todo y al final te das cuenta de que nada de eso era para ti, siempre podrás vivir una existencia normal. Pero si dejas escapar la oportunidad de hacer algo distinto, la ocasión se perderá para siempre.

Izan se sonrojó y miró con admiración a aquella mujer y al pentágono que colgaba de su cuello.

—¿Por qué los científicos tienen el Pentágono como símbolo?

—No solo es el geniotipo de los científicos e inventores, sino también el de los médicos e investigadores. En suma, el de las personas que han venido al mundo para solucionar problemas... —Al darse cuenta de que se había extraviado, Miriam recapituló—: Sobre tu pregunta, esta figura la llevaban los seguidores de Pitágoras, un hombre de gran sabiduría, para reconocerse entre ellos. ¿Has leído algo de él?

—La verdad es que no... —dijo Izan.

—Tienes tiempo, eres aún muy joven. De momento basta que sepas que para Pitágoras educar no es estudiar una carrera para vivir, sino templar el alma para las dificultades de la vida. Y eso es lo que te has dedicado a hacer desde que saliste de tu casa, ¿me equivoco?

Dicho esto, Miriam se puso en pie para marcharse. De una habitación de la planta baja llegaban los ronquidos de Tomás, que dormía a pierna suelta tras otro día de duro trabajo.

—¿Viaja usted ahora? —le preguntó Izan, preocupado.

—Sí, aunque soy culo de mal asiento, me gusta dormir en mi propia cama.

—Pero es ya de noche...

—Aunque luciera el sol, daría lo mismo —repuso Miriam, enigmática—. Siempre es de noche en algún sitio.

LA LECCIÓN DE PENTÁGONO

Cada problema es una puerta

a un mundo nuevo.

29

El hombre de la Luna

«*Cada ser humano tiene,
dentro de sí, algo mucho más
importante que él mismo: su don.*»

PAULO COELHO

Una luna llena y lechosa se filtraba a través de la ventana de la habitación de Izan, que no podía dormir. Aunque Miriam le había insistido en la importancia de hacer más que de pensar, habían hablado de tantas cosas que ahora su mente iba a toda velocidad.

Encendió un candil en la mesita junto al camastro. Al lado había una estantería llena de libros. Dedujo que serían de la científica y que aquella casa que estaba reformando debía de haber pertenecido a alguien de su familia.

Entre los viejos libros que copaban el estante, encontró una antología de cuentos de autores desconocidos. Izan ojeó unos cuantos hasta detenerse en uno que iba de un hombre cuyo sueño era alcanzar la Luna.

Tal era su obsesión por pisar algún día nuestro satélite, que nada en la Tierra le parecía suficientemente bueno. Haciendo uso de todo su dinero e ingenio, dedicó los mejores años de su vida a construir una nave que le llevara hasta su objetivo.

Tras muchos despegues fallidos, finalmente logró elevarse sobre la Tierra, cruzar el firmamento y llegar a su anhelado satélite. El alunizaje fue tan brusco que la nave se partió en dos, imposibilitando cualquier regreso a su mundo de origen.

Mientras contemplaba la Tierra desde su trozo de nave, antes de que se le acabara el aire y de que el frío se lo llevara al sueño eterno, el viajero contempló el planeta que tanto había despreciado.

Con sus bosques, mares y montañas, le pareció el lugar más bello y generoso del universo.

Lamentó no haberse dado cuenta hasta ese momento.

Antes de morir, comprendió que siempre había buscado la felicidad lejos, cuando en realidad la tenía muy cerca.

30

Camino del cementerio

«Si no es ahora, ¿cuándo?»

JOHN F. KENNEDY

El graznido de los cuervos que sobrevolaban la casa despertó a Izan de un sueño profundo. Desde que trabajaba como albañil, tenía mucho más apetito y dormía como un tronco.

Los días se sucedían de manera prácticamente igual. Después de lavarse, desayunarían fuerte y luego él iría al gallinero, donde empezaría a levantar el tercer muro.

Sin embargo, nada iba a ser igual aquella mañana de otoño.

Nada más salir de su cuarto para asearse, se encontró al otro lado de la puerta con Tomás. Su rostro estaba pálido y rígido como un campo helado.

—Mi padre ha muerto —le anunció—. Acaba de avisarme uno de mis hermanos. Me temo que tendrás que apañártelas solo los próximos días… Te dejaré pagado el jornal para que dispongas de él hasta que vuelva.

—Prefiero acompañarte —dijo Izan con decisión—. Hay cosas más importantes que un jornal. Y el muro puede esperar.

La expresión de Tomás pasó de la sorpresa a la gratitud. Luego murmuró:

—Tienes razón. Maldita sea, ¡vámonos!

Camino del cementerio, mientras el albañil azuzaba a los caballos, empezó a hablar con la mirada puesta en el cielo:

—Mi padre nunca supo disfrutar de la vida. Para él solo existía el sacrificio y la obligación. No entendía que este mundo pudiera ser un lugar para divertirse. Incluso un sacerdote, que era su mejor amigo, le amonestó un día. Le dijo que en la vida hay dos cosas esenciales que hay que hacer: trabajar y celebrar. Si solo celebras y no trabajas, tu vida está vacía y sin sentido. Si solo trabajas y no celebras, eres un esclavo.

Izan se quedó impresionado con esa reflexión por parte de aquel hombre sencillo. ¿Será que la muerte afina nuestra visión de la vida?

Mientras avanzaban en silencio, recordó un funeral al que había asistido de una mujer joven de la aldea. Aquella muerte impactó a todo el mundo, y en el velatorio escuchó deseos de aprovechar más la vida y de saborear cada momento por parte de los asistentes.

Sin embargo, una vez la difunta estuvo enterrada, todo el mundo volvió a su rutina sin hacer ni un mísero cambio.

¿Por qué nos cuesta tanto aprender? ¿O sí aprendemos, pero lo que nos cuesta es aplicar la teoría?

Izan se preguntaba todo esto mientras se dirigían al cementerio, donde acompañaría a quien era su patrón desde hacía media semana para enterrar a su padre.

—Lo que tengas que hacer, no esperes a hacerlo —dijo de repente Tomás, que había estado pensativo un buen rato—. No des por sentado que vas a vivir mucho tiempo. El cuento se puede terminar cuando menos te lo esperes.

31

Labores de ultratumba

El padre de Tomás fue despedido, en un sencillo ataúd de pino, por una docena de personas. La mayoría de ellas se marcharon después de la ceremonia oficiada por el sacerdote amigo del difunto, quien le había recomendado trabajar y celebrar.

Ya en el cementerio, solo quedaban los hijos del fallecido, Izan y el enterrador, que estaba muy enfadado porque su ayudante no había venido al trabajo.

—Desde que se ha echado novia, casi hay que pedirle audiencia para que se presente a trabajar —dijo el hombre—. Valiente sinvergüenza... aunque supongo que yo haría lo mismo si tuviera su edad.

Dicho esto, se rio de su propio comentario. En sus ojos profundamente azules, Izan vio un entusiasmo por la vida que le sorprendía en alguien con aquel oficio. Le salió del alma preguntarle:

—¿Puedo ayudarle?

—Eso no lo sé... —gruñó el enterrador con una mueca chistosa—. A no ser que sepas manejar la paleta y el cemento. Necesitaré que alguien me ayude a sellar esta tumba.

—Yo puedo hacerlo —repuso el chico, ante el asombro de Tomás y sus hermanos.

Manos a la obra, Izan fue siguiendo las indicaciones del enterrador. Mezcló el cemento en un capazo, añadiendo agua para lograr una pasta más fina. Cuando todo estuvo listo, ayudó al hombre con la cuerda para bajar el ataúd al fondo del hoyo en medio de un silencio sepulcral.

Tomás arrojó al interior la paleta de su padre. Tal vez porque este esperaba seguir trabajando en el otro mundo.

Hecho esto, entre el enterrador y su eventual ayudante depositaron la losa sobre el hueco. El marco ya estaba preparado con cemento para que encajara. Tal como había hecho con el muro, Izan repasó los surcos con la paleta para que no asomara cemento.

—Muy bien, chaval —le felicitó el hombre arrojándole un trapo para que se limpiara las manos—. ¿Quieres trabajar como sepulturero? Tienes madera para ello.

Izan observó de reojo cómo Tomás y sus hermanos se alejaban de la tumba en dirección a la salida del cementerio.

—Este es el trabajo más alegre que existe —siguió el enterrador—. Porque tienes un recordatorio diario del privilegio que supone estar vivo. Por eso los sepultureros somos conocidos por nuestro buen humor. Sabemos reírnos de la muerte, porque sabemos que un día ella se reirá de nosotros. ¿Qué me dices?

—Que tiene razón —respondió Izan, pasando por alto la nueva oferta de trabajo.

—Vaya que sí. ¡Ea! Vente conmigo a tomar un aperitivo ahora que el muerto descansa en paz. Nos lo hemos ganado después de un buen trabajo.

32

La historia del sepulturero

«Todos tenemos talento.
Lo raro es tener el coraje
de seguirlo hasta los lugares oscuros
adonde nos conduce».

ERICA JONG

La entrada del sepulturero en la cantina fue celebrada con saludos, bromas y palmaditas en la espalda. Al parecer, era muy apreciado en aquel sitio. Tras pedirse una copa de coñac y un chocolate caliente para Izan, empezó a explicar:

—En una empresa, un compañero le dice a otro: «¿Te has enterado de que el jefe se ha muerto?». Y el otro le responde: «Sí, lo sé, pero me gustaría saber quién murió con él». «¿Por qué lo dices?», pregunta el primero. «Pues porque en la esquela que ha publicado la empresa dice: *...y con él se fue un gran trabajador...*»

El enterrador celebró su propio chiste con una gran carcajada que contagió a Izan. Esto animó al hombre a seguir:

—Esto no es otro chiste, sino una historia de Nasrudín, un sabio de Oriente Medio. Se cuenta que un joven preguntó, muy preocupado, a su maestro: «En un funeral, ¿hay que caminar delante o detrás del ataúd?». A lo que el maestro le contesta: «Da lo mismo delante o atrás, lo importante es no estar dentro».

Un nuevo estallido de risas coronó este relato, tras el cual Izan le preguntó:

—¿Cómo llegaste a este oficio? Eres el primer sepulturero que conozco…

—Y tal vez el último, o el penúltimo hasta que un día vengas al cementerio con los pies por delante. —Y poniéndose repentinamente serio, dijo—: Respondiendo a tu pregunta, tardé mucho tiempo en descubrir cuál era mi misión en la vida. Tuve una infancia solitaria, ¿sabes? Me sentía distinto a todos mis compañeros de clase. ¡Un bicho raro! Por la noche me quedaba leyendo cuentos de terror y también escribía poesía. De adolescente, empecé a vestir de negro y a pasear por cementerios, aunque no imaginaba que se convertirían en mi lugar de trabajo. Empecé a interesarme por el espiritismo y la magia, mientras pasaba por empleos donde no encajaba. Hasta que un conocido me ofreció el puesto de aprendiz del enterrador, que se jubilaría un año más tarde. No tenía nada mejor que hacer, así que fui por probar y me acabé quedando.

—¿Y qué es lo que te atrajo de este empleo?

El hombre dio un trago a su copa de coñac antes de responder:

—Hace tiempo que lo pienso… Creo que mi trabajo, en el fondo, no es tan distinto del de un médium, que conecta a los vivos con los muertos. Por eso a veces me llaman Rombo, porque tengo una casa arriba y otra abajo. Conecto ambos mundos ayudando a que los que se quedan puedan despedirse de los que se van. Me parece una misión importante, ¿no crees?

—¡Sin duda!

—Un sepulturero que no haga su trabajo con el respeto y pulcritud que se requiere, dejaría un mal sabor de boca a los familiares y amigos, dificultando aún más el duelo. El mío es un ritual de cierre. Cuando bajo el ataúd y sello la losa, como hemos hecho hoy, estoy diciendo a los que se quedan: seguid con vuestras vidas, por favor. Esta se ha terminado pero las vuestras deben continuar. Exprimid hasta la última gota de tiempo de este mundo, porque un día seréis solo un saco de huesos.

—Es una lección importante —comentó Izan.

—Más que importante —dijo el enterrador—, es vital. Si no entierras el pasado, el futuro nunca podrá llegar. Este oficio me ha enseñado más sobre la vida que cien libros de filosofía.

Izan le escuchaba atentamente mientras se llevaba el chocolate caliente a los labios, esperando que aquel hombre lleno de sabiduría siguiera.

—Estar en contacto diario con el final me ha enseñado que vivir es algo más que no estar muerto. Por eso aprovecho cualquier ocasión para pasarlo bien.

—Eso es estupendo. Creo que hay gente que tiene tanto miedo a la muerte que son incapaces de vivir.

—Sobre eso, Marco Aurelio decía algo importante: no hay que tener miedo a la muerte, sino a no haber empezado nunca a vivir. ¡Se puede decir más alto, pero no más claro!

—Interesante... ¿Puede confirmarme que este geniotipo es el suyo? —Izan se sacó el mapa del bolsillo mientras le indicaba el símbolo del rombo al sepulturero—. Estoy haciendo un recorrido para completar este mapa y ya me quedan pocos geniotipos por conocer.

—Así es chico, te confirmo que soy Rombo.

—Si pudiera definir su talento con una sola palabra, ¿cuál sería la que describiría su máxima habilidad?

—La intuición —contestó sin titubear el sepulturero.

Izan se quedó pensativo. No sabía que la intuición fuera un talento.

Lo que sí le decía su intuición era que había llegado al final del camino con aquella charla. Pero no a un final cualquiera, sino al punto en el que comienza otro.

LA LECCIÓN DE ROMBO

Estar vivo es algo más

que no estar muerto.

33

Sentir el camino

«La autenticidad comienza en el corazón.»

BRIAN D'ANGELO

Tras despedirse del sepulturero y de Tomás, que estaba tan abrumado con la pérdida que apenas reaccionó, Izan inició el camino de regreso.

Su breve experiencia como ayudante de enterrador y su conversación con él le había hecho entender algo fundamental: si la vida podía terminar en cualquier momento, él quería estar cerca de los suyos, aunque no pudieran comprenderle.

Mientras caminaba por la carretera, ligero de equipaje, una idea se iluminó en su mente: *No puedo conocer mi destino, pero puedo sentir el camino.* Y él sentía que, allí y entonces, estaba en la senda correcta.

Sin duda, sus dificultades no terminarían allí, pero tal como le había sugerido Miriam, los problemas en el camino están ahí para prepararte para tu propósito.

Tras andar buena parte de aquella jornada, vislumbró un carro cargado que se acercaba. No tardaría en reconocer el carromato de Bilal.

—¿Qué tal, Izan? ¿Sigues completando tu mapa?

—Me falta solo un geniotipo y espero encontrarlo de regreso a casa.

El comerciante detuvo el carro, descargó heno de él y, tras bajar, encendió una hoguera con algunas ramas secas. Era casi la hora de dormir.

—Chico, ya es tarde y creo que los dos estamos cansados. Puedes acomodarte en el heno para mirar las estrellas y pasar la noche.

Al contemplar la majestuosidad del cielo estrellado, Izan sintió una respuesta en su interior, como si el universo le hablara. Conmovido, quiso compartir su revelación con el comerciante.

—Señor Bilal, usted me dijo que completar el mapa del geniotipo me permitiría conocer el valor del amor propio, ¿cierto?

—Tal cual, ¿por qué lo cuestionas, pues?

—Porque tengo la sensación de que es desde el amor propio de donde nace el talento. Así que, si estoy en lo cierto, mi talento y el de todos es aquello que ofrecemos a los demás desde el amor. ¿Me equivoco?

El mercader se acercó a Izan para darle un breve abrazo.

—Estoy orgulloso de ti, chico. Ahora descansa y mañana te aconsejo que visites de nuevo a la maestra. Ya estás listo para completar tu mapa del geniotipo.

Mientras el comerciante roncaba, Izan no podía dormir. Ansiaba visitar a la maestra y regresar a su casa. Se alzó con vigor y dejó durmiendo a Bilal. «Es perro viejo —pensó—. No le sucederá nada».

Cuando llevaba un rato andando, un carro que acompañarlo fruta se ofreció a un trecho, lo que le ahorraría un buen trozo de camino.

Luego continuó a pie bajo las estrellas.

Paso a paso, vio salir el amanecer hasta que llegó a la pequeña ciudad.

Allí había tenido algunos de sus encuentros más importantes. Tras recordar con nostalgia a Karen, pensó en saludar al contable si lograba dar con él, pero sus pies le llevaron antes a la puerta de la maestra. Con la mirada fija en el símbolo del infinito, estuvo dudando un rato antes de llamar a la puerta.

Unos pasos cortos y rápidos hicieron que Izan se irguiera, mientras se sacudía el polvo de la ropa.

Al otro lado le esperaba la sonrisa plácida de la maestra, vestida con una blusa blanca impoluta, del mismo color que sus cabellos recogidos con pinzas plateadas.

—Te estaba esperando —dijo, invitándole a pasar.

—¿Cómo sabías que vendría?

—Ha sido un presentimiento. Esta mañana, al levantarme, me he acordado de ti mientras escuchaba *El regreso de Peer Gynt*. Entonces me he dicho: este chico está por volver.

34

El espejo mágico

«Solo soy yo mismo.
Pienso que ser genuino
es triunfar.»

FREDDIE MERCURY

Una suave música barroca flotaba en el ambiente mientras la maestra servía un intenso té negro acompañado de pastas.

Ella quiso saber todos los detalles de su viaje, desde el momento en que había abandonado aquel mismo salón.

Izan le contó los trabajos realizados para el contable, con las ovejas y en la biblioteca municipal. Le habló también del encuentro con Karen y de la profunda huella que había dejado en su corazón. La maestra se rio con las enseñanzas del mercader y se sorprendió de lo ocurrido tras el baile con la hija de la hostalera. Su asombro creció aún más al saber de su empleo como albañil y que incluso había prestado sus servicios a un sepulturero tras haber conocido a la investigadora.

—Parece que, en poco tiempo, has vivido casi una decena de vidas… —dijo la maestra sosteniendo con elegancia su taza de té—. ¿Y a qué conclusión has llegado?

—Que debo hacer lo que siente mi corazón. Pero si le soy sincero, aún no sé lo que es… sigo sin tener claro para qué he venido a este mundo. Esta noche espero regresar a casa de mis padres. Hubiera querido compartirles mi misión en la vida, pero no podrá ser.

—Déjame que te diga algo al respecto —intervino ella—. No tienes que ser aceptado por lo que deberías ser, sino por lo que ya eres. Ese es tu principal reto: *ser quien ya eres* en cada decisión que tomes.

—¿Y cómo sé si es la decisión adecuada? Tengo miedo a equivocarme porque aún dudo de quién soy.

—Hace un momento me has dicho que has aprendido que debes hacer lo que sientes, ¿verdad? —contextualizó la maestra ávidamente.

Izan asintió con la cabeza.

—Pues esa es la brújula que debes seguir en tu viaje. Puedes dudar de lo que piensas, pero no de lo que sientes. Por eso debes elegir aquello que esté en armonía contigo en cada momento.

—Se refiere a estar en paz con mis decisiones, ¿verdad? —preguntó Izan, acordándose de una charla con uno de los maestros de su viaje.

—Así es. Estar en paz con tus elecciones te llevará a alcanzar tu propósito vital. No olvides nunca que tú eres el elegido para vivir tu vida.

Izan dio un largo sorbo al té intentando asimilar aquella profunda conversación. Luego tomó de la fuente una galleta con forma de estrella. La maestra le dirigió una extraña mirada mientras él se la comía en unos cuantos mordiscos. ¡Estaba deliciosa!

—Es curioso que, entre todas las galletas, que tienen distintas formas, hayas elegido esta —dijo la mujer con una sonrisa pícara.

—¿Por qué es curioso?

—Porque en tu viaje has conocido a todos los geniotipos —Infinito, Cuadrado, Elipse, Triángulo, Círculo, Rectángulo, Pentágono y Rombo—, excepto este: Estrella.

—¡Cierto! Es el último de los símbolos del mapa. ¿Y cómo es Estrella? —preguntó Izan, intrigado.

—Es el genio innato. De alguna manera incluye al resto de geniotipos, porque puede brillar en cualquier faceta e inspirar a los demás. Por eso se llama Estrella, porque ha nacido para iluminar el mundo.

—No creo haber conocido a nadie así… —dijo Izan.

—Tiene sentido, porque es un geniotipo muy poco común. En todo caso, si quieres completar tu mapa por los tipos de genialidad, yo te puedo mostrar el que te falta por conocer.

—¡Me encantaría! ¿Dónde puedo encontrar a esa Estrella?

—Sígueme… —le pidió la maestra, que se levantó para encaminarse hacia las escaleras.

El chico caminó tras ella hasta el primer piso de la casa, donde había un amplio salón vacío. Parecía destinado a fiestas de sociedad o bailes. En una de las paredes había un enorme espejo con marco dorado.

—Es un espejo mágico —le explicó la maestra con emoción—. Si miras a través de él verás la Estrella.

Incrédulo, Izan se situó delante de aquel viejo cristal pulido. En su superficie se vio a sí mismo. Era él y al mismo tiempo no lo era, al menos tal como se había conocido hasta entonces.

Le pareció que un vibrante resplandor emanaba de su cuerpo.

—¿Lo ves ahora, Izan? Todo lo que debes ser ya lo eres. ¡Que nada ni nadie te quite nunca esta luz! Estás listo para regresar a casa, pequeño genio.

LA LECCIÓN DE ESTRELLA

Has nacido para brillar.

35

La frontera entre ambos mundos

«La verdad no nos hará libres,
hasta que desarrollemos las habilidades,
el hábito, el talento y el coraje para usarla.»

MARGARET HEFFERMAN

El día empezaba a declinar cuando, tras haber cruzado la pequeña ciudad, Izan caminó por la carretera entre granjas y campos de cultivo. Llegado a cierto punto, dejó de haber vestigios de labor humana, solo campos cubiertos de ocre.

El sendero despejado se fue estrechando hasta desaparecer del todo. Ahora caminaba sorteando pedruscos y matorrales. Tenía miedo de perderse, en lugar de encontrar el río que separaba aquel nuevo mundo que había conocido del suyo al que trataba de regresar.

Tras corregir la dirección de sus pasos varias veces, recibiendo varios arañazos en las piernas, un lejano arrullo de agua le indicó que la frontera entre ambos mundos no andaba lejos.

Avanzó en esa dirección hasta llegar por fin a aquel río pedregoso donde había charlado con el pescador. Pero aquello había sido en la otra orilla, la del Izan de antes; en la del nuevo había otra persona. Una figura esbelta que, pincel en mano, trataba de plasmar en el lienzo las aguas cambiantes.

—Karen… —murmuró él con asombro.

Ella se giró y, con una sonrisa que encendió la tarde, contestó:

—¡Eres tú! Ven, vamos a sentarnos a la orilla. Estoy cansada de pintar.

Izan la acompañó gustoso hasta una piedra grande y plana que se adentraba en el agua.

Karen se sacó las botas y los calcetines antes de sentarse con los pies sumergidos en el río. Él la imitó y casi tuvo que contener un grito al sentir el agua gélida.

—Te imaginaba más lejos aún de la ciudad —dijo Izan tratando de ocultar su emoción.

—Oh… he caminado mucho, sí, pero no avanzaba en línea recta, sino recorriendo una gran curva. En una ruta así, es fácil que acabes en el sitio del que procedes o cerca… Lo importante es que ahora estoy aquí, contigo.

Dicho esto, le pasó la mano por la cintura. Izan sintió que su corazón bombeaba como un tambor de guerra. Para aplacar los nervios, se decidió a hablar:

—Yo he estado en varios lugares y he conocido a mucha gente distinta. Cada uno de ellos me ha ayudado a descubrir quién soy y qué puedo ofrecer al mundo.

—¿Todos, todos? —preguntó Karen, divertida con sus explicaciones.

—Sí… También tú me has ayudado a completar el mapa del geniotipo.

Esto pareció gustarle, ya que apoyó la melena ondulada en su hombro.

Izan aspiró aquel mar dorado antes de proseguir:

—He conocido distintas maneras de ser genial y, gracias a la generosidad de la gente, he podido experimentar algunas de ellas.

Trataba de entender cuál era mi perfil, pero en cada uno encontraba algo de mí.

—Entonces eres Estrella —dijo Karen admirada—. De ser así, me conviene casarme contigo.

Izan se separó un instante de ella para mirarla a la cara, convencido de que le estaba tomando el pelo.

—¿Qué has querido decir con eso?

—Es fácil de entender… Si todos los geniotipos viven dentro de ti, como buen Triángulo podrás vender mis obras y me harás famosa. El poder del Círculo hará que me cuides y me ames siempre, incluso cuando no me lo merezca. Y podría seguir con el resto de figuras…

—Sí, incluso puedo ejercer de Rombo, si te sobrevivo —bromeó Izan—, y cavar tu tumba, o incluso comunicarme contigo desde el más allá.

—¡Eso sería genial! —dijo ella entre risas.

—Tal vez hagamos todo eso un día —repuso él con tono melancólico—, pero lo único seguro ahora es que voy a cruzar este río.

—¿No te quedas conmigo?

Karen se mostró decepcionada por unos instantes, pero la luz volvió enseguida a sus ojos.

—Confío en que volvamos a vernos, entonces.

—Yo también, tal vez en otra de tus curvas me acabes encontrando. O, ya que eres libre de ir donde quieras, puedes cruzar el río conmigo…

—Todavía no —dijo caprichosa—. Quizás cuando termine el cuadro. Desde el otro lado, seguro que se ve totalmente distinto.

—Desde luego.

Izan puso sus zapatos en el hatillo para no mojarlos cuando atravesara aquel río helado. Karen se plantó frente a él y le dijo:

—Nuestra última despedida fue un poco sosa, ¿no te parece?

Antes de que él pudiera contestar, le dio un beso en los labios. Luego corrió hacia el caballete, como si tuviera prisa por seguir con el lienzo.

36

La cabaña del pastor

«Ser lo que somos y convertirnos
en lo que somos capaces de llegar a ser
es el único fin en la vida.»

Robert Louis Stevenson

En un viejo libro, Izan había leído algo así: Dios vio los caminos al atardecer y decidió que eran caminos de regreso a casa. Así se sentía mientras remontaba la cuesta que llevaba a la colina desde la que podría divisar ya su aldea.

Al llegar allí, vio luz en la vieja cabaña y se acordó del peregrino. Con él había empezado aquella aventura que había transformado su vida. Y el anciano le debía una historia, si él era capaz de responder a la pregunta que le había formulado antes de iniciar su expedición.

Iba a llamar a la puerta, cuando vio que estaba entreabierta.

La empujó con cuidado, anunciándose antes para no asustar al ermitaño.

Lo encontró sentado en la única silla, junto al candil encendido, tal como lo había visto aquella primera madrugada. Era como si se hubiera quedado allí, congelado, a la espera de que volviera.

Sus ojos llenos de curiosidad parecieron alegrarse de su llegada.

—¿Y bien? —le preguntó—. ¿Has encontrado lo que andabas buscando?

—He descubierto una certeza.

—Interesante… —apostilló el peregrino—. Adelante, me encantará oírla.

Izan caviló unos instantes para elegir bien las palabras que quería decir.

—Cuando me preguntaba qué he venido a hacer a este mundo, hasta ahora pensaba que la respuesta estaría en descubrir un oficio. Pero, después de haber completado el mapa del geniotipo que usted me ofreció, me doy cuenta de que el oficio no es lo importante.

—Empiezas bien. Sigue…

—Sé que he venido a este mundo con un propósito original.

—¿Te refieres a hacer algo único y diferente? —repuso el viejo, entusiasmado con la explicación del chico.

—Sí. Pero no por lo diferente, sino por el origen. —Nunca Izan se había sentido tan seguro de sí mismo en su interior—. Gracias a los maestros que he conocido en el viaje, he percibido el amor que ponen en todo aquello que hacen. Ese amor hace aflorar su verdadero potencial y, a la vez, los convierte en seres genuinos.

—¿Y qué es un ser genuino, Izan?

—Un ser genuino es aquel que ha vuelto al origen. Y en el origen del universo y de cualquier cosa creada todo es amor.

Las revelaciones de Izan merecieron un esfuerzo del peregrino por levantarse de la silla. Se apoyó en el hombro de Izan y le pidió que le devolviera el mapa que le había entregado al inicio de la aventura.

—¿Has visto en qué disposición están los geniotipos?

Izan observó y contestó:

—Parece que dibujan una especie de circunferencia.

—Así es. Yo la llamo la rueda de los geniotipos. Y tú la has completado.

—¿Y cómo he podido hacer algo así sin saberlo?

Izan tenía la sensación de que siempre había una sorpresa más en la sabiduría ancestral del peregrino.

—La rueda se completa cuando comprendes que el talento es nuestra luz original que, como muy bien has dicho, proviene del amor. Así que el talento es...

—El talento es compartir amor —interrumpió con dulzura Izan—. Y solo se puede compartir amor, porque todo es amor.

En ese instante, el peregrino lanzó una mirada de reconocimiento al chico mientras se encaminaba hacia la puerta. Antes de cruzarla, se detuvo y le sugirió:

—Percibo que te gustaría ayudar a otras personas a encontrar su propósito, ayudarles a encontrar su luz cuando se encuentren tan perdidos como lo has estado tú. ¿Es así?

—Sí, siento que esa será mi misión en la vida. ¿Cómo lo sabe?

—Porque muchas veces, en sanar la herida está el propósito. Y tú has sanado la tuya. —Y añadió con cariño—: En algún momento de nuestras vidas, todos sentimos un obstáculo muy profundo que nos impide avanzar. Superarlo nos lleva a ser maestros de esa herida, porque, al sanarla, aprendemos de ella. Por eso, Izan, ahora que has sanado tu herida y encontrado tu camino, podrás acompañar a otras personas a encontrar el suyo.

Izan no pudo retener las lágrimas. Aquel anciano le había cambiado la vida para siempre y no quería que se marchara.

—Todavía no te vayas —dijo Izan, desde la puerta de la cabaña—. Prometiste que, si te daba una respuesta, tú me contarías por qué subiste de madrugada a esta cabaña que te regaló tu amigo.

Después de unos instantes de silencio, el peregrino dijo:

—Te estaba esperando a ti.

Izan se quedó boquiabierto ante esa respuesta, y aún lo estuvo más cuando el anciano añadió:

—Tuve un sueño en el que un chico como tú andaba perdido en la oscuridad y me pedía a gritos que le consiguiera un candil. Desde que tengo esta cabaña, he visto a mucha gente perdida. Esto es como un punto de vigía, tal vez porque se contempla toda la aldea. Subí con la idea de hacer guardia toda la noche, con la luz en la ventana por si había algún caminante perdido. Entonces apareciste tú.

Izan quiso decirle que también él le había visto en un sueño, pero el peregrino le tenía reservada una última sorpresa.

—He dedicado mi vida a lo que también será tu propósito. El anterior dueño de esta cabaña hizo lo mismo. Como él, es momento de descansar. Acércate. —Y le entregó las llaves antes de concluir—: A partir de ahora es tuya. Este es un buen lugar para sentir, amar y reflexionar.

Dicho esto, se enfundó su grueso hábito y se marchó, dejándole allí pasmado.

37

Todas las estrellas del Universo

*«Limítate a ser tú mismo,
porque no hay nada más hermoso que eso.»*

Carol Leifer

Cuando Izan salió de la cabaña, el firmamento era tan brillante que le pareció que aquella noche se habían congregado todas las estrellas del Universo. Le pareció que cada una de ellas simbolizaba una vida, un destino, un sueño por cumplir.

Con las llaves en su bolsillo, además de las monedas que entregaría a sus padres, bajó la colina hacia el pueblo sintiendo que era otro. Ya no le daba miedo el futuro, ni tampoco el presente.

Cada vez que se enfrentara a una dificultad, recordaría lo que le había dicho la maestra: él era una estrella, y su misión era iluminar la vida de los demás.

Al acercarse a su casa, vio que las luces estaban encendidas. Y no solo eso: sus padres estaban delante de la puerta abierta. De dentro le llegaba el rumor de más gente.

Izan se quedó atónito.

Avanzó, turbado, hacia sus padres y les preguntó:

—¿Qué hacéis ahí? ¿Cómo es que…?

—Sabíamos que ibas a venir —dijo el padre con tono suave—. Hace un rato que un viejo peregrino ha venido a advertirnos de que estabas al llegar. Nos ha pedido que te recibamos con cariño, porque vienes de un largo viaje, aunque eso es algo que ya sabíamos por tu carta.

—Y nos ha dicho que vienes con un montón de historias para compartir— añadió la madre con los ojos brillantes.

Una docena de caras curiosas se asomaron desde el interior de la casa. Izan reconoció a varios vecinos; también a compañeros de su escuela.

—¿Qué hace toda esta gente en casa? —preguntó.

—Han corrido hasta aquí al saberse la noticia. Todo el mundo en la aldea estaba muy preocupado por ti —dijo el padre—. En esta semana, nos hemos dado cuenta de que eres muy querido… y también rebelde y tozudo como mi padre cuando llegó a este lugar.

Acto seguido, le dio un puñetazo suave en el pecho y le abrazó.

El padre pegó la cara a su hombro para que Izan no viera que estaba llorando. Al abrazo se sumó su madre mientras a su alrededor se formaba un corrillo de personas que celebraban su vuelta.

Antes de que se le echaran encima, entregó las monedas a sus padres y les pidió:

—Invitad a todo el mundo a comer y a beber.

En medio del júbilo, un chico que había sido su compañero de clase, lanzó la pregunta que nadie se había atrevido a formular hasta el momento:

—Izan, ¿por qué te fuiste realmente?

—Salí de casa siguiendo un impulso, porque me sentía perdido, pero ahora sé que solo quien se pierde puede encontrarse.

En ese momento, una estrella fugaz cruzó el cielo, haciendo levantar la cabeza de todos los que estaban fuera, que formularon un deseo parecido: encender la luz de su propio genio.

*«Cuando me encuentre ante Dios al final de mi vida,
espero que no me quede un solo talento por desarrollar
y que pueda decir: Usé todo lo que me diste.»*

ERMA BOMBECK

ANEXO:

Breve guía de los geniotipos

El proyecto que ha desembocado en el libro que tienes en tus manos empezó en un congreso de meditación que organicé varios años después de haberme arruinado.

Uno de los invitados fue Francesc Miralles, coautor de *Ikigai*, entre muchos otros libros de gran éxito. Después de la sesión, nos quedamos charlando a través de la pantalla de Zoom, y él se interesó por los planes que yo tenía a continuación.

Francesc es un tipo que te hace muchas preguntas, porque siente una curiosidad natural por los sueños y proyectos de los demás. Tras hablarle de mi primer libro, *Secretos para dejar de sufrir,* le di algunas pinceladas de lo que estaba siendo mi campo de investigación los últimos años.

Me citó en Interior de té, una pequeña tetería del barrio de Gràcia donde se reúnen escritores y emprendedores de todo tipo. Al explicarle mi teoría de los geniotipos, me dijo: «Has de escribir un libro sobre esto. No existe nada parecido... El mundo tiene que conocer tu modelo para describir los tipos de genialidad».

Tras este encuentro se obró la magia, porque días más tarde tenía una agente literaria y, un par semanas después, la oferta de una gran editorial para publicar *Geniotipo: descubre al genio que hay en ti.*

Mientras escribo estas líneas, el libro va por la quinta edición, además de haber logrado media docena de traducciones, entre ellas al japonés. Y esto no ha hecho más que empezar.

Estoy agradecido al Universo porque, desde la publicación del libro, muchas personas se han formado en la herramienta del Geniotipo para acompañar a otras. También he podido cumplir mi sueño: ofrecer una nueva visión del talento en las escuelas. Mi pasión, mi *ikigai*, es llegar a cambiar la educación para que los chicos de todo el mundo descubran su talento, algo de lo que nadie carece.

En una de esas visitas a una escuela me acompañó Francesc, que, además de mi mentor, hoy es mi amigo. Al verme hablar con tanto entusiasmo a niños, adolescentes y profesores, me dijo: «Deberías escribir una fábula para explicar los geniotipos a todo el mundo. Una historia que pueda leer desde un niño a una ejecutiva que toma el AVE».

Yo siempre hago caso de lo que él me dice, así que la semilla quedó plantada en mi mente. La historia de Izan fue creciendo día tras día, hasta que me puse a escribir el primer borrador del relato que acabas de leer y que espero que te haya procurado inspiración.

Cuando lo hube terminado, sentí que la historia siempre había estado ahí, viviendo en mi interior, esperando a salir para que el mundo la conociera. Se la mandé a Francesc, que me dio algunos consejos para que tuviera más formato de cuento.

Los hermanos Grimm decían que los cuentos sirven para dormir a los niños y despertar a los adultos. Esa ha sido mi intención al escribir *¿Para qué he venido a este mundo?* Ayudarte a despertar, a encontrar tu talento y el sentido de tu vida. Eso será bueno para ti y para el mundo entero, ya que estoy convencido de que un ser humano a favor de sus recursos, además de ser mucho más feliz, aumenta exponencialmente el valor que aporta a la vida.

La fábula que acabas de leer ejemplifica, a través de los distintos encuentros de Izan, cada uno de los geniotipos. Puedes profundizar en todos ellos en mi anterior libro, del que ya he hablado.

De todos modos, me ha parecido que no estaría de más repasar estas nueve maneras de ser genial, con sus virtudes y sombras, a modo de recordatorio o de breve guía antes de cerrar el libro. Las preguntas que acompañan cada perfil te ayudarán a identificarlo. Cuantas más respuestas afirmativas des, más cerca estás de ese geniotipo en concreto.

¿QUIERES CONOCER TU GENIOTIPO?

Después de conocer el viaje de Izan, puede que quieras conocer tu Geniotipo.

Como te he indicado en el capítulo anterior, a continuación vas a encontrar una breve descripción de las principales características de cada uno de los genotipos y unos breves cuestionarios a modo de juego rápido, con el fin de que puedas comprobar si el geniotipo en cuestión podría ser o no tu arquetipo. Pero tengo que recalcarte que las preguntas de estos cuestionarios son orientativas y no forman parte del test clínico que utilizamos realmente para determinar el geniotipo particular de cada persona.

Una vez hayas hecho los cuestionarios, tienes la opción de realizar el test clínico disponible a través del código QR o bien en mi plataforma www.conocetugeniotipo.com. El resultado que llegue de tu test clínico, será realmente tu geniotipo.

Cuando conozcas tu geniotipo, podrás conocer las Capacidades Creativas Innatas (CCI)* que hay en ti ¡Seguimos!

---

* Puedes conocer toda la investigación y ciencia del geniotipo en el blog oficial: https://tonyestruch.com/geniotipo/

INFINITO:

Un genio sin límites

El símbolo de este geniotipo representa el infinito a la hora de aprender y progresar. El propósito de este perfil es acompañar, apoyar, educar, iluminar y enseñar a través de su creatividad analítica e intuitiva.

Puede ser un gran maestro, filósofo, psicólogo, catedrático u otro tipo de experto, debido a su deseo de aprender continuamente y hacer llegar a otros sus conocimientos. Vive y se alimenta de nuevas ideas para poder compartirlas con los demás.

Por su juicio, prudencia y madurez, es capaz de razonar y debatir sobre cualquier cosa, aunque esto también puede llevarlo al ego. Cuando eso ocurre, se acaba el misterio y empieza la frustración, porque se da una incoherencia entre sus capacidades innatas, el estar siempre abierto a nuevas posibilidades, y las limitaciones mentales que le impone su ego y el «yo sé».

Aunque su mente es su mayor fortaleza, tiene don de gentes y la capacidad de conectar con los demás. Sabe dar buenos consejos. Por eso, a menudo recurrirán a él para conocer su opinión. En el fondo, su propósito vital es expandir la sabiduría. Sin embargo, su dualidad entre mente y corazón puede generar conflictos internos y hacer que parezca un poco excéntrico.

En resumen, Infinito es un experto capaz de fomentar el desarrollo emocional, existencial y profesional de los demás, que está siempre buscando soluciones y alternativas.

PARA SABER SI ERES INFINITO...

1. ¿Con tus amig@s te gusta hablar sobre cuestiones existenciales?
2. ¿Te preguntas a menudo por el destino?
3. ¿Sueles filosofar sobre la vida?
4. ¿Te atrae acompañar a personas para que encuentren aquello que les hace bien y ayudarles a que vean la vida de otra manera?
5. ¿Consideras que la existencia es algo más de lo que vemos?
6. ¿Necesitas aprender y reciclarte constantemente?
7. ¿Disfrutas compartiendo tus descubrimientos?
8. ¿Eres un buen lector?
9. ¿Te gustaría ser maestro/a o profesor/a?
10. ¿El autoconocimiento es prioritario para ti?
11. ¿Sientes que te falta tiempo para leer, estudiar y descubrir?

CUADRADO:

Un genio de la gestión

Este perfil destaca por su fortaleza mental, que utiliza para entender la vida y sostener sus convicciones e ideales. Aunque esta cualidad le permite ser un genio de la gestión y administración de tareas, su rigidez mental también puede generarle frustración cuando no consigue los resultados esperados.

Su capacidad de perseverancia y su claro propósito en la vida le permiten lograr todo lo que se propone. Es ideal para roles de liderazgo y trabajo administrativo, gracias a su creatividad analítica y a su capacidad de seguir directrices. Ese sería el caso, por ejemplo, del juez, policía, director general o ingeniero técnico.

Los cuadrados son especialistas en poner su mentalidad por delante de sus emociones. Aunque esto les genera luchas internas y externas, rara vez cambian de opinión. Un cuadrado empoderado alcanza sus objetivos gracias a su fortaleza mental y su determinación.

PARA SABER SI ERES CUADRADO...

1. ¿Tus amigos o tu entorno te consideran un poco cabezón/a?
2. ¿Te consideras testarud@?
3. ¿Filosofar sobre la vida te da bastante igual?
4. ¿Hacer terapia, aunque sea a otros, no va contigo?
5. ¿Te tienen que demostrar las cosas para creértelas?
6. ¿Se te dan bien las cuentas?
7. ¿A veces te gusta ser el jefecillo de la manada?
8. ¿Necesitas controlar todo lo que pasa?
9. ¿Eres una persona ordenada, a quien le gusta planificar?
10. ¿Te consideras sobre todo mental?
11. ¿Tienes carácter emprendedor?

ELIPSE:

Un genio de la creatividad

Este perfil no puede parar de generar nuevos conceptos e ideas. Siempre está proponiendo algo diferente. Por eso es típico encontrar a este geniotipo ejerciendo de artista, músico, pintor, escritor, cómico, periodista, creativo publicitario, bailarín, coreógrafo... En definitiva, todas las profesiones en las que se requiere de creatividad e imaginación.

Sin embargo, entra en declive cuando reprime su creatividad, porque entonces también disminuye su intuición.

De forma innata, posee tanto la creatividad artística como la intuitiva. Por eso es tan necesario que pueda expresar su mundo interior y su talento. Ese es su mundo, su pasión y su vida.

La sociedad, sin embargo, a menudo considera que no puede vivir de su creatividad. Eso le lleva a aceptar trabajos que no tienen nada que ver con su pasión, llegando a convertir su arte en un simple hobby. Esa es una gran frustración, porque su propósito está en plasmar su mundo interior y extraer una economía de ese talento.

En definitiva, el éxito de Elipse será consecuencia de no rendirse y hacer siempre lo que siente, gestionando bien sus recursos.

PARA SABER SI ERES ELIPSE...

1. ¿Sientes que eres un artista?
2. ¿Te consideras una persona creativa?
3. ¿Por lo general eres poco constante?
4. ¿Necesitas hacer cosas diferentes para no caer en la monotonía?
5. ¿Estar en un despacho te resulta un infierno?
6. ¿Detestas el mundo de la administración?
7. ¿Admiras la originalidad?
8. ¿Sientes conexión con la naturaleza?
9. ¿Eres un poco disperso?
10. ¿Crees mucho en ti?
11. ¿En ocasiones sientes envidia del éxito de otros que trabajan de lo que tú desearías?

TRIÁNGULO:

Un genio de la venta y del marketing

Las personas que se adscriben a este geniotipo son expertos a la hora de vender o comunicar. Su capacidad para ofrecer lo mismo desde diferentes perspectivas es única. Recordemos la famosa frase de Henry Ford: «Le daré un coche del color que quiera, siempre que sea negro».

Cuando lleva a cabo su trabajo desde una mentalidad empoderada, la empatía de Triángulo es una de sus mejores armas para ayudar e inspirar a los demás.

Es muy importante que crea en el valor de lo que está ofreciendo, ya que, de lo contrario, podría caer en su sombra: la manipulación y la necesidad de vender sin ética. Asimismo, debe sentirse implicado en lo que hace, ya que, si trabaja sin pasión, caerá en la monotonía y se desmotivará, con lo que no se sentirá realizado.

La asertividad, la empatía y el don de gentes son sus fortalezas, lo que le hace destacar en publicidad, marketing, gestión de equipos y en oratoria.

Además, este geniotipo tiene, de forma innata, las tres creatividades: conceptual, artística e intuitiva. Eso implica que puede desarrollar su capacidad de gestión, liderazgo y visión de expansión en cualquier empresa.

Con una buena gestión emocional y profesional, Triángulo puede llegar tan lejos como quiera.

PARA SABER SI ERES TRIÁNGULO...

1. ¿Te gusta hablar en público?
2. ¿Sabes empatizar con la gente?
3. ¿El mundo de las marcas y la publicidad te atraen?
4. ¿Eres un buen estratega?
5. ¿Puedes llegar a ser un poco manipulador?
6. ¿Te gusta el mundo de las inversiones?
7. ¿Y el de la compra-venta?
8. ¿Te gustaría dar conferencias?
9. ¿Trabajas con gusto las redes sociales?
10. ¿Eres un vendedor nato?
11. ¿Te consideras un mago de las palabras?

CÍRCULO:

Un genio empático y compasivo

Este geniotipo es muy hermoso. Todos lo son, pero este posee una luz y una sensibilidad extraordinarias debido a su amor incondicional.

Círculo lo abraza todo con su amor, pero esa actitud a menudo también lleva la penitencia de descuidarse a sí mismo. Por lo tanto, el talento de este perfil debe centrarse en aportar algo propio a los demás, ya sea creando de manera altruista o formando parte de un proyecto ilusionante que ayude al resto.

La creatividad innata de Círculo es intuitiva, pero puede quedar anulada si no se ama a sí mismo. El problema de este geniotipo suele ser la baja autoestima. Si no se ama suficiente, su creatividad va quedando anulada y sus aspiraciones nunca se cumplen, mientras que las de los demás sí lo hacen.

La compasión y la bondad son otras de sus grandes cualidades, pero debe aprender a apostar por sí mismo, a no descuidar su amor propio. Como dice el psicólogo Antonio Bolinches: «El secreto de un buen matrimonio es casarse con el otro, pero sin divorciarse de uno mismo». Esto es algo que puede costarle a Círculo.

Con todo, su superpoder innato es ilimitado si lo comprende y lo utiliza bien. Cualquier cosa que anhele puede alcanzarla sin problemas, porque está conectado directamente a la fuente, al origen. Lo más importante es que crea en sí mismo, en lo que siente, y que apueste por su amor propio.

PARA SABER SI ERES CÍRCULO...

1. ¿Te gusta ayudar a la gente?
2. ¿Anhelas poder cambiar el mundo?
3. ¿A veces te sientes bastante incomprendid@?
4. ¿Sueles dar prioridad a los demás antes que a ti?
5. ¿Participar en alguna misión humanitaria entra en tus planes?
6. ¿El mundo material escapa a tus intereses?
7. ¿Te encanta el mundo espiritual?
8. ¿Encontrar tu lugar en el mundo es importante para ti?
9. ¿Compartir y hacer felices a los demás te produce especial satisfacción?
10. ¿Consideras que tienes baja autoestima?
11. ¿Buda es un referente para ti?

RECTÁNGULO:

Un genio conformista con muchas posibilidades

Este geniotipo se caracteriza por tener habilidades que facilitan la vida a los demás. Sus capacidades se ven, sobre todo, en áreas como el transporte, la industria pesada, la mecánica, la ingeniería industrial y trabajos de servicio o conserjería.

Sin embargo, este geniotipo suele ser conformista y no ambicionar más de lo que ya tiene. Aunque en ocasiones puede tener el deseo de ser un poco más osado, salir de su zona de confort le genera miedo. Eso implica perder el control, por lo que prefiere mantenerse en su situación actual.

A pesar de esto, su creatividad analítica le permite llegar lejos si se enfoca en metas bien definidas, ya que tiene el don de trabajar de manera constante, como una hormiga que no se rinde hasta que ha construido su reino.

PARA SABER SI ERES RECTÁNGULO...

1. ¿Eres conformista?
2. ¿Te gusta tener comodidad en tu vida?
3. ¿Aspiras a complicarte poco la existencia?
4. ¿Prefieres que te dejen en paz y no te calienten la cabeza?
5. ¿Te atrae trabajar en funciones monótonas, como algunas tareas funcionariales, el campo o la construcción?
6. ¿Acostumbras a dar pocas vueltas a las cosas?
7. ¿La estabilidad es importante para ti?
8. ¿Podrías trabajar siempre de lo mismo?
9. ¿Albergas pocas aspiraciones en tu vida?
10. ¿Te da todo un poco igual?
11. ¿Tienes pocos referentes vitales?

PENTÁGONO:

Un genio analítico y riguroso

Nos encontramos con un geniotipo altamente vocacional, ya que es difícil que alguien se convierta en médico, cirujano, astronauta o físico por mera casualidad. Suele ser algo que se siente desde una edad temprana.

Pentágono nace con la creatividad analítica que le permite tener una visión global de su campo de estudio. Por lo tanto, podríamos decir que la investigación y la búsqueda constante de recursos son su propósito, ya sea para curar a otros o para mejorar sus vidas a través de avances científicos o tecnológicos.

Sin embargo, la investigación y la creatividad analítica a veces le generan problemas. Pueden ser dos de sus sombras, ya que cuando Pentágono se apasiona por algo, pierde la noción del tiempo y trabaja durante horas y horas sin descanso. Eso, inevitablemente, afecta a su entorno y también puede generar un ego inquebrantable, al analizarlo todo desde un punto de vista puramente mental.

Por lo tanto, la batalla entre la mente y el corazón es una de las grandes luchas de este geniotipo.

Pentágono debe asumir que, para avanzar en su propósito de vida, necesita hacer suya la frase de Einstein que dice: «La imaginación es más importante que el conocimiento». El conocimiento es limitado, pero la imaginación no lo es. Para alcanzar lugares a los que la mente no puede llegar, incluso siendo científico, debe dejarse llevar por el corazón y estar abierto a nuevas posibilidades. Esto también puede ayudar a Pentágono en su vida personal a establecer relaciones desde el amor.

PARA SABER SI ERES PENTÁGONO...

1. ¿Te gusta analizarlo todo?
2. ¿Necesitas saber el porqué de las cosas?
3. ¿Exploras el origen de los fenómenos de una manera científica?
4. ¿Tu trabajo es muy vocacional?
5. ¿Si te argumentan bien algo, puedes considerar un cambio?
6. ¿Se te dan bien las matemáticas, la física o la química?
7. ¿En la escuela eras el empollón de la clase?
8. ¿La ciencia es para ti lo más importante que existe?
9. ¿Te atrae la idea de trabajar en un laboratorio o en un hospital?
10. ¿Te seduce el mundo de la informática?
11. ¿Einstein es un referente para ti?

ROMBO:

Un genio visionario e innovador

Este geniotipo es fascinante debido a su mundo interior, que es confuso, místico y trascendental al mismo tiempo.

Rombo posee la capacidad de comprender el más allá y hacerlo cotidiano, lo que lo diferencia del resto de seres humanos.

A diferencia de otros geniotipos, no tiene miedo a la oscuridad, la rabia, el dolor, la tristeza u otras emociones que la mayoría de la gente evita. De hecho, la muerte y la oscuridad le atraen.

Sin embargo, la gestión de esta riqueza interna puede ser difícil en el mundo exterior, ya que es considerado como un bicho raro debido a sus pensamientos y gustos poco habituales.

A pesar de esto, puede sentirse satisfecho y orgulloso por comprender muchas cosas que escapan al resto de los humanos. Esta capacidad le otorga una creatividad intuitiva y artística. Por eso, le apasiona investigar aspectos que trascienden lo mundano y lo obvio, basándose en la sutileza de lo que no se ve a primera vista.

Rombo es especialmente adecuado para trabajos como criminólogo, forense, psiquiatra, centros de desintoxicación, cuidados paliativos y todo lo relacionado con lo oscuro, místico y poco convencional. Todos estos trabajos le apasionan y lo harán sentir feliz y realizado.

PARA SABER SI ERES ROMBO...

1. ¿Te interesa el mundo de las energías?
2. ¿Sientes atracción por todo lo mágico?
3. ¿Te gustan las películas de ciencia ficción y terror?
4. ¿Sueles meditar?
5. ¿Te atraen las cosas del mundo oscuro?
6. ¿Te gustaría ser forense?
7. ¿Y criminólogo?
8. ¿El mundo paranormal te genera mucha curiosidad?
9. ¿Lo que no se ve es igual de importante para ti que lo que se ve?
10. ¿Te consideras una persona intuitiva?
11. ¿Te sientes un bicho raro?

ESTRELLA:

Un genio brillante

Este geniotipo está tocado por una varita mágica y posee un talento excepcional que le permite dedicarse a lo que quiera, ya sea arte, deporte o emprendimiento.

Como Estrella, posee las tres creatividades.

Sin embargo, ser un referente no es fácil y puede estar contaminado por el ego, el entorno y las relaciones. Estos factores pueden jugar un papel tanto distorsionador como sanador, lo que hace que la gestión emocional y de las relaciones sea un desafío para este perfil.

A veces, su desarrollo emocional no va a la par con el éxito obtenido, lo que puede llevarle al desequilibrio psicológico.

Hay que tener en cuenta que muchas estrellas permanecen ocultas porque no se atreven a dar el paso final. Para llegar ahí, es necesario romper patrones y avanzar en situaciones incómodas. Si el entorno no ayuda, es fácil quedarse estancado, lo que puede ser frustrante cuando se sabe que se tiene una misión de vida muy especial.

Encontrar el propósito de vida, especialmente si se ha perdido, es el gran reto. Si no se consigue, eso puede llevar a la autodestrucción o a peligrosas adicciones. En todo caso, es importante recordar que, como geniotipo único y especial, tiene mucha luz y ha venido a inspirar el mundo de manera diferente al resto, lo que hace que las pruebas que debe superar sean también de gran nivel.

PARA SABER SI ERES ESTRELLA...

1. ¿Aquello que sabes hacer, lo desarrollas con asombrosa facilidad?
2. ¿Te dicen a menudo que eres genial?
3. ¿Crees que el mundo te debe una oportunidad?
4. ¿Te han dicho alguna vez que eres un iluminado?
5. ¿Eres feliz deslumbrando a la gente con tu talento?
6. ¿Al pensar en el éxito, eres capaz de no ponerte límites?
7. ¿Se te acerca gente que quiere aprovecharse de tu talento?
8. ¿Chocas a menudo con envidiosos o boicoteadores?
9. ¿Sientes a veces que eres un alienígena, fuera de este mundo?
10. ¿Te montas películas con facilidad?
11. ¿Quieres dejar una fuerte huella en el mundo?

Esto ha sido un breve resumen de lo que hace especial a cada geniotipo. No he querido entrar, aquí, a describir las relaciones personales, amorosas y profesionales entre ellos, ni las adaptaciones mentales que se producen cuando no desarrollamos nuestro talento.

Si quieres profundizar sobre eso, te aconsejo que recurras a mi anterior libro *Geniotipo, descubre al genio que hay en ti*, así como a las formaciones que propongo en mi web: www.tonyestruch.com.

¡Deseo que muy pronto empieces a iluminar al mundo con tu genialidad!

Agradecido a...
Agradecido a la vida, y a las tres personas que le añadieron magia: Corina, Nahikari y Francesc Miralles. Os amo.

Namasté.

TONY ESTRUCH